JN080299

Happiness and Pension System

幸福感と年金制度

佐々木一郎 [著]

Sasaki Ichiro

中央経済社

はしがき

　幸福度への社会的関心が高まってきている。その理由としては，収入や資産などの経済的な豊かさの指標だけでは，健康長寿や家族関係・人間関係なども含めた真の豊かさ全体を反映しにくいことが考えられる。さらに，幸福度はそれ自体が人生の主な目的そのものであることが多いことに加え，幸福度が様々な効用をもたらすことが分かってきたことも理由として考えられる。

　先行研究から，幸福度は健康長寿にプラスの効果をもつことが明らかにされてきている。高い幸福度は，血圧調節やストレスや免疫機能など，健康面で有利に作用し，心疾患などを予防し，長寿になりやすいことが知られている。また，企業経営領域にもプラスの効果を持ち，高い幸福度は従業員の精神面での健康や仕事への取り組みを促進し，企業の経営成績を高めるメカニズムにも注目が集まってきている。

　2021年の国連の世界幸福度ランキングによると，0～10点の10点満点でみた幸福度について，世界149か国中，第1位から第5位まで順に，フィンランド7.842点，デンマーク7.620点，スイス7.571点，アイスランド7.554点，オランダ7.464点となっている。その他の主要な先進国については，ドイツは7.155点（13位），イギリスは7.064点（17位），アメリカは6.951点（19位）などとなっている。日本の幸福度は，5.940点である。世界149か国中，56位であり，先進国のなかでは幸福度は低い状況にある。

　また，ユニセフは，経済協力開発機構（OECD）と欧州連合（EU）に加盟する国々を対象に，子供の幸福度について調査している（Gromada, Rees and Chzhen [2020]）。日本の子供の幸福度は，38か国中，20位である。子供の幸福度の世界第1位から5位までは，オランダ，デンマーク，ノルウェー，スイス，フィンランドであり，北欧諸国が多くを占めている。日本では，子供の幸福度の個別項目について，身体的な健康の指標では，世界ランキングは1位である。いっぽう，生活満足度が低く，精神的な幸福度の個別項目では，調査対象38か国中37位であることが報告されている。

　幸福度に影響する主要な要因のうち，健康と所得に注目すると，日本は健康面では，WHO [2021] による2019年の男女平均の世界ランキングで，健康寿

命は74.1歳で世界第 1 位，平均寿命は84.3歳で世界第 1 位に位置する。皆保険の仕組みもあり，医療・健康アクセスの点でも恵まれた社会環境が整備されている。また，長寿社会になると，人生に占める老後期間の所得面はますます重要性を増してくる。老後の所得面についても，日本では皆年金制度のしくみがあり，全国民を対象とした老後の所得保障の仕組みが整備されている。幸福度を構成する健康（＝健康寿命，平均寿命）と所得（＝皆年金による老後の所得保障）という主要要件の点からみると，むしろ世界との比較でみた日本の幸福度ランキングは，本来は上位に位置していても不思議ではない。

　だが，日本は幸福度が低いだけではなく，内閣府の調査結果から，老後経済不安が高い状況にある。なぜ，健康長寿国で皆年金制度が整備されているにもかかわらず，日本では幸福度が低く，老後経済不安が高いのであろうか。老後経済不安を解消して幸福度を高めるはずの年金制度が，逆に老後経済不安を高め，幸福度にマイナスの影響を及ぼしているのであろうか。

　今後，人生100年時代は現実になりつつある。老後は就労が難しく，老後収入源を確保しにくいこと，健康寿命を失いやすいことなど，様々な困難に直面しやすくなる。人生100年時代において，健康長寿・幸福で人生の質をいかに高めていくか，そのために，年金制度には何ができるのか。家計はどのように年金に向き合い，国はどのような年金制度にすれば，家計は安心と幸福を得ることができるのか。限られた年金財源のなかで，家計はどのような年金行動を選択するのが最適か，家計は最適な年金行動を選択する上で必須の年金知識が不足しているのではないか，幸福につながる年金制度は何かを明らかにして年金制度を再設計することは，多くの世代にとって他人事ではなく，共通する社会的なテーマである。

　少子高齢化の中で，日本の年金制度は，もともと，ここ数十年間，多くの諸課題をかかえてきた。賦課方式の仕組みで運営されており，少ない人数の若年層が，多い人数の高齢層の年金給付を支えている。若年世代に対して，負担に見合う年金給付を約束することがそもそも難しく，年金・老後の安心を提供することは困難であり，老後生活資金2,000万円不足への懸念を払拭することは，容易ではない。

　そうした状況の中，2020年からの新型コロナウイルス感染症拡大は，年金制度に対して，さらなる難題を投げかけることになった。新型コロナ問題は，健康問題，家計・企業経営の経済問題の影響だけにとどまらず，年金制度にこれ

まで以上の諸課題をもたらすからである。

　新型コロナ問題で，現役世代の家計が苦しくなると，現役世代は年金負担力が低下し，高齢世代の年金給付の財源調達が難しくなる。また，厚生年金では，拠出の半分を民間企業が負担しており，経営基盤の弱い中小企業を中心に，厚生年金の財源を企業経営が支えることは困難になってきている。国民年金の給付の半分は，税金が支えている。新型コロナ問題による家計収入・家計支出と企業経営の低迷は，年金保険料負担と税金による国民年金の運営を難しくするだろう。年金財政の悪化，年金制度の存立への懸念，老後経済不安は，いっそう，高まるおそれがある。

　本書では，2部構成から，幸福度と年金制度，年金リテラシー研究にアプローチする。第1部では，幸福度の未知の影響要因は何かを中心に分析する。これまでの幸福度研究と年金研究は，別々に研究されることが多かった。本書では，幸福度研究と年金研究を接続することで，幸福度と年金制度の関係を明らかにするとともに，幸福度の未知の影響要因を多角的に分析する。幸福度を高める上で，低年金を予防する年金政策が重要であることが示唆される。さらに，保険，奨学金は幸福度に顕著に関連することを明らかにする。

　第2部は，低年金を引き起こすリスクとして，年金知識不足に焦点を当てる。隣接領域にある金融リテラシーの研究は進んでいるのに対して，年金リテラシーの研究は蓄積が非常に遅れている。家計はそもそもどのくらいの年金知識を保有しているのか，どの年金知識がどのくらい不足しているのか，年金知識不足は家計の年金行動にどのような影響を及ぼすのかなど，家計の年金知識不足やその影響は，まだ十分に明らかになっていない。

　公的年金は平均で高齢者世帯の老後収入源の6割以上を支えている。社会保障全体でみると，高齢世代の年間の公的年金受給総額は，約56兆円程度に達している。人生100年時代に家計が老後生活資金として公的年金をどのくらい有効活用できるか，最適な年金選択ができるか，低年金を予防できるか，安心して幸福に生活できるかは，最適な年金意思決定を支えるための十分な年金知識を家計が保有しているかに大きく左右されると考えられる。

　また，第2部では，家計の年金知識不足の実態や年金行動について，筆者実施のWebアンケート調査データを用いた分析から明らかにする。家計が低年金に陥らずに最適な年金行動を選択すること，老後所得面にかかわる幸福度の維持・向上のためには，年金リテラシー向上が重要であることを分析する。

　なお，本書を執筆するプロセスでは，多くの方々にお世話になった。榊原茂樹先生（神戸大学）には，家計資産選択の視点から，年金研究について親身にご指導を頂いた。今中雄一先生（京都大学）には，年金と社会健康医学の研究について貴重なご指導を頂いた。米谷雅之先生（山口大学）には，消費者行動の観点から，年金研究をご指導頂いた。先生方にお礼を申し上げる。

　小塩隆士先生（一橋大学）には，人生100年時代における年金制度の諸問題について，貴重なご教示を頂いた。駒村康平先生（慶應義塾大学）には，社会保障の視点から，貴重なご教示を頂いた。家森信善先生（神戸大学）には，金融と保険の視点から，年金の諸問題についてご指導を頂いた。近藤克則先生（千葉大学），中山健夫先生（京都大学），高橋由光先生（京都大学）には，健康格差の視点からご指導を頂いた。

　高尾厚先生（神戸大学），岡田太志先生（関西学院大学），石田成則先生（関西大学）より，保険理論の視点から年金制度についてご指導頂いた。さらに，勤務先の同志社大学では，諸先生方，職員の皆様には，いつもお世話になり，お礼を申し上げる。

　本書の刊行については，刊行をご快諾下さった中央経済社代表取締役社長の山本継氏，本書の編集でご尽力頂いた編集長の納見伸之氏に感謝申し上げる。

　2022年6月

同志社大学今出川キャンパスにて

佐々木一郎

目　　次

はしがき

序　章

幸福になるにはどのような年金制度がよいか
―人生100年時代の年金制度と年金リテラシーの諸課題― ———— 1

1 問題の所在 ……………………………………………………… 1

　1-1 幸福感がもたらす様々な効用・
　　　個人の健康長寿，企業の良好な経営成績　1

　1-2 日本の低い幸福度，高まる老後経済不安　2

　1-3 なぜ日本の幸福感・老後経済安心感は低いのか　3

　1-4 研究上の空白域１：
　　　先行研究の蓄積が少ない年金制度・保険・負債要因への着目　3

　1-5 研究上の空白域２：
　　　年金リテラシーの研究–年金知識不足と低年金問題への着目–　4

　1-6 年金制度固有の役割：
　　　寿命不確実性下での老後生活資金の枯渇を効果的に防ぐこと　5

　1-7 年金の理論的有用性が機能するための条件　6

2 年金制度が揺らぎやすい社会経済的背景と低年金問題，
　年金知識の重要性 ……………………………………………… 7

　2-1 少子高齢化・長寿化と年金制度の揺らぎ　8

　2-2 老後収入源の６割以上は公的年金：
　　　高い年金依存度，低い年金財政基盤　9

　2-3 年金格差と低年金問題，年金知識の重要性　9

3 本書の目的 …………………………………………………… 11

　3-1 年金制度と幸福度の関係を明らかにすること　11

　3-2 幸福度の影響要因を多角的に明らかにすること　12

　3-3 低年金につながる年金知識不足の実態を調査・分析すること　13

4 本書の特徴 …………………………………………………… 14

4-1 筆者がオリジナルに考案・収集したWebアンケート調査データによる
分析　**14**

4-2 年金研究と幸福度研究を接続すること　**14**

4-3 研究蓄積が不足している年金リテラシーの実態と要因分析に
焦点を当てること：先行研究蓄積が潤沢な金融リテラシー研究，
蓄積が乏しい年金リテラシー研究　**14**

5 本書の構成・要約 ……………………………………………………… **15**

第**1**部

幸福度の要因分析
―年金・保険・奨学金と幸福度―

第**1**章

年金・老後経済不安と幸福度 ——————————— 22

1 どのような年金制度にすれば幸福感・老後安心感は
高まるのか ……………………………………………………………… 22

2 先行研究 ………………………………………………………………… 23

2-1 老後経済不安と生涯安定した収入・生活を求める人間心理　**23**

2-2 幸福感の影響要因は何か：人口統計学的要因・社会経済的要因・
健康状態・人とのつながり・社会的寛容度など　**25**

2-3 幸福感の効用　**26**

2-4 公的年金の予想月額と幸福度・老後経済不安　**27**

3 方　　法 ………………………………………………………………… 28

3-1 デ ー タ　**28**

3-2 アウトカム変数　**28**

3-3 主要な予測因子：老後の公的年金の予想年金月額　**28**

3-4 共変量　**29**

3-5 統計分析　**29**

4 公的年金の予想月額が幸福度・老後経済不安に及ぼす
影響の分析 ……………………………………………………………… 30

4-1 公的年金の予想月額の分布，老後経済不安が大きい割合，
幸福度の分布　**30**

4-2　予想年金月額と老後経済不安，幸福度　30

4-3　老後経済不安の要因分析結果：低年金予想は老後経済不安と
顕著に関連している　30

4-4　幸福度の要因分析結果：低年金予想は低い幸福度と
顕著に関連している　32

5　年金政策と幸福度・老後経済不安 ……………………………………… 37

5-1　老後の予想年金月額と幸福度・老後経済不安　37

5-2　厚生年金の低年金の予防，厚生年金の免除・猶予制度の整備，
所得再分配機能の強化　37

5-3　70歳1.42倍の年金繰下げ受給を利用しやすい仕組みづくり　39

5-4　健康寿命と70歳高齢就労・70歳年金繰下げ受給　40

6　ま と め ……………………………………………………………………… 40

第**2**章

共済・保険と幸福度 ———————————————— 41

1　共済・保険の加入は幸福度を高めるか …………………………… 41

1-1　家計をとりまく様々なリスク　41

1-2　共済・保険による経済保障：小さい負担で大きい保障　41

2　先行研究 ……………………………………………………………………… 42

2-1　共済・保険加入の影響要因　42

2-2　共済・保険加入と幸福の関係　44

3　デ ー タ ……………………………………………………………………… 45

4　共済・保険の加入決定に影響する要因の分析 ………………… 47

4-1　記述統計量　47

4-2　推定結果：共済・保険の加入率は若年層は低く，正社員は高い　49

5　共済・保険と幸福度 ……………………………………………………… 52

5-1　記述統計量　52

5-2　推定結果：共済・保険への加入は幸福度が高い傾向がある　52

6　ま と め ……………………………………………………………………… 55

第**3**章
奨学金と幸福度 ——————————————— 57

1 奨学金は幸福度にどのように影響しているのか ·················· 57

2 奨学金と幸福度に関する先行研究 ···························· 58

2-1 学生ローン・負債と幸福度・健康行動 58

2-2 親の経済力，負債と抑うつ 59

2-3 研究の空白域：奨学金の利活用・返済負担感と幸福度に関する研究 60

2-4 本章の目的 60

3 方 法 ···································· 61

3-1 デ ー タ 61

3-2 アウトカム変数 61

3-3 主要な予測因子 62

3-4 共変量 62

3-5 統計分析 63

4 分析結果 ···································· 63

4-1 記述統計量 63

4-2 年齢・婚姻状況・世帯年収・雇用形態と奨学金返済負担感 66

4-3 奨学金の返済負担感・有効活用と幸福度 66

5 奨学金の利活用と奨学金リテラシー向上の重要性 ················· 73

6 ま と め ···································· 76

第**4**章
家族内の仕送り・生活資金援助の分析 ——————— 77

1 高齢世代の年金が勤労世代の低収入を支える社会経済状況 ······ 77

2 先行研究：生前贈与・遺贈の動機 ···························· 79

2-1 先行研究で明らかになっていること：社会経済的要因，要介護要因 79

2-2 先行研究で十分に明らかになっていないこと：
子のサイドの社会経済的要因への着目 81

2-3 本章の目的 82

3 方 法 ···································· 82

3-1　データ　**82**

3-2　アウトカム変数：
　　親から子への仕送り（親からの定期的な資金援助の有無）　**82**

3-3　説明変数　**82**

3-4　統計分析　**83**

4　分析結果：低収入・非正規雇用・年金未納・奨学金滞納の場合，
　資金援助が多い ··· **83**

5　考察：雇用・社会保障全体等の視点からの社会的対応の
　重要性 ··· **89**

6　まとめ ··· **90**

第 **2** 部

年金リテラシーの研究
–年金知識不足と低年金・老後生活資金不足のリスク–

第 **5** 章

新型コロナ問題と年金リテラシー不足・低年金リスク ———— 92

1　新型コロナ問題が年金制度に投げかける諸課題 ·························· **92**

2　先行研究 ··· **93**

2-1　新型コロナ問題と家計をとりまく雇用・経済面の現況　**93**

2-2　老後資金準備と年金知識・金融知識の先行研究　**95**

3　国民年金保険料の免除・納付猶予・未納と
　無貯蓄・老後資金無計画の分析 ······································· **97**

3-1　方　　法　**97**

3-2　分析結果：年金未納者は無貯蓄率が高く，老後資金の計画率が低い　**98**

4　新型コロナ問題と年金知識不足，老後の低年金問題 ············· **103**

4-1　主に20〜59歳の現役世代への影響：免除利用と年金知識不足　**103**

4-2　主に60歳以上の年金受給世代への影響：
　　60歳繰上げ受給と年金知識不足　**105**

5　家計と国の対応 ……………………………………………………… 108
　　5-1　家計の対応：年金知識の向上　108
　　5-2　国の対応：新型コロナ問題と免除制度の整備　109

第6章

イデコと老後の年金格差拡大 ―――――― 110

1　老後の年金格差と老後資金不足 …………………………… 110

2　イデコは低年金をどこまで補強できるか ………………… 112

3　先行研究 ……………………………………………………… 114

4　方　　法 ……………………………………………………… 115
　　4-1　データ　115
　　4-2　被説明変数　115
　　4-3　説明変数　115
　　4-4　統計分析　115

5　分析結果 ……………………………………………………… 116
　　5-1　記述統計量　116
　　5-2　イデコの加入要因　116

6　考　　察 ……………………………………………………… 122
　　6-1　経済力の高い人々はイデコ加入率が高い　122
　　6-2　就業率の低い女性のイデコ加入率は低い　123
　　6-3　イデコ掛け金の免除制度の整備の必要性　123
　　6-4　60歳まで引き出せない制限の緩和の必要性　123
　　6-5　イデコの認知度・普及率がイデコ加入に及ぼす影響　124

7　まとめ ………………………………………………………… 124

第7章

年金知識不足の人々の特徴 ―――――――― 125

1　普及が進みにくい年金リテラシーの研究・教育 ………… 125

2　先行研究 ··· 126

　2-1　年金リテラシー・年金加入行動に関する先行研究　126

　2-2　金融リテラシーに関する先行研究　126

3　方　　法 ··· 129

　3-1　データ　129

　3-2　人口統計学的要因　129

　3-3　社会経済的要因　129

　3-4　年金種別　130

　3-5　年金リテラシー：国民年金クイズ20問　130

　3-6　金融リテラシー：金融クイズ４問　130

　3-7　統計分析　130

4　分析結果 ··· 131

　4-1　年金リテラシーが低い人々の割合　131

　4-2　推定結果１：年金リテラシーは性別・年齢・金融資産・年金未納と
　　　　顕著に関連がある　134

　4-3　推定結果２：金融リテラシーが低い場合，年金リテラシーは顕著に
　　　　低い　137

5　年金と金融のリテラシーを融合した教育の重要性 ·················· 137

6　まとめ ·· 138

第**8**章

繰下げ受給の年金知識不足
―なぜ70歳年金受給は少ないのか，どのような人々が70歳を
　超えても高齢就労しているのか―

―なぜ70歳年金受給は少ないのか，どのような人々が70歳を
　超えても高齢就労しているのか― ────────── 140

1　何歳まで働き，何歳から年金を受給するか ······················ 140

2　先行研究 ··· 143

　2-1　年金受給開始年齢の決定要因の先行研究　143

　2-2　在職老齢年金制度による年金減額と高齢者の就業抑制，
　　　　就業行動の先行研究　143

　2-3　研究の空白域：70歳受給開始で年金1.42倍増額になることの
　　　　年金知識不足　144

　2-4　年金増額1.42倍の年金知識が不足していると考えられる根拠　145

3　本章の目的 ……………………………………………………………… 146
　3-1　70歳受給開始で年金1.42倍増額になることの理解度の調査・分析　146
　3-2　最低何％増額されれば，70歳に遅らせてもよいか　146
　3-3　70歳就業の行動と意欲の分析　146

4　方　　法 ………………………………………………………………… 147
　4-1　デ ー タ　147
　4-2　アウトカム変数　147
　4-3　説明変数　147
　4-4　統計分析　148

5　分析結果 ………………………………………………………………… 148
　5-1　70歳年金繰下げ受給1.42倍の周知度は約1割にとどまる　148
　5-2　年金増額1.42倍の過小評価の要因分析：無年金，老後経済不安が
　　　　大きい場合，70歳年金増額1.42倍を過小評価する傾向が顕著　152
　5-3　低資産・無年金・国民年金受給者は70歳以上就業率が高い　155

6　老後状況の変化と使いやすい年金制度 ……………………………… 158

7　年金教育への示唆 ……………………………………………………… 159
　7-1　70歳受給開始1.42倍の年金知識の周知拡大　160
　7-2　年金教育の範囲・領域の拡張　160
　7-3　年金種別と老後の年金知識の周知拡大　160

8　ま と め ………………………………………………………………… 161

終　章

幸福な年金制度の設計に向けて —————— 163

1　本書の主要な結論 ……………………………………………………… 163
　1-1　年金制度は幸福度と顕著に関連している：
　　　　幸福度は低年金の予防が重要　163
　1-2　保険・負債（奨学金）と幸福度　164
　1-3　年金リテラシー不足と老後の低年金リスク　165

2　年金教育の重要性 ……………………………………………………… 166
　2-1　免除制度・60歳繰上げ受給・厚生年金適用拡大の利点とリスクの
　　　　周知　166
　2-2　基礎と応用　166
　2-3　シンプルな年金制度の設計，最小学習量　166

2-4　年金教育の最適な範囲　167

2-5　年金の知覚リスクを解消する　167

2-6　専門家のアドバイスの重要性　168

3　幸福度と年金制度をめぐる新研究テーマ ……………………………169

3-1　年金給付確実性・年金受給開始年齢の引き上げと幸福度　169

3-2　年金格差の是正：所得再分配機能をどこまで強化するか，
　　　最適な再分配水準　169

3-3　年金受給開始年齢と年金増減率の最適化　170

3-4　受給開始年齢の変更を事後的にも認める仕組み：
　　　60歳繰上げ受給の後悔を回復する　171

3-5　健康寿命別の年金制度　172

3-6　年金受給頻度：公的年金の支給を毎月1回にする案　173

3-7　厚生年金の免除制度の整備　173

参考文献／ 174

索引／ 182

幸福になるには
どのような年金制度がよいか

―人生100年時代の年金制度と
　年金リテラシーの諸課題―

1　問題の所在

　日本の年金制度は，高齢世代の老後収入源の平均6割を支えており，老後の経済的安心を確保するうえで最も重要な基盤の1つである。しかし，少子高齢化，年金格差，経済格差，新型コロナ問題などの難しい社会経済環境のもとで，年金制度は，老後経済不安の高まり，低い幸福度など，多くの諸課題に直面している。本章では，高い幸福度・老後安心感を維持するうえでなぜ年金制度が重要であるのか，さらに，幸福な年金制度を構築するうえでの諸課題について考察する。そのうえで，本書の研究目的について言及し，各章の要約をまとめる。

1-1　幸福感がもたらす様々な効用：
　　　個人の健康長寿，企業の良好な経営成績

　昨今，幸福度への関心が学術的研究面だけではなく，社会一般にも広がってきている。その理由としては，まず，経済的な所得や資産の金額だけでは人生の生きがいや豊かさを十分に反映させることは難しいが，幸福度は，社会経済面，健康面，人とのつながりなど，人生の質，豊かさや充実感を総合的に反映しやすい利点をもつことがあげられる。また，幸福度は，それ自体が人生の主目的の1つであることが多いことに加え，幸福度は様々な効用をもたらすことが科学的に明らかになってきたことも理由と考えられる。

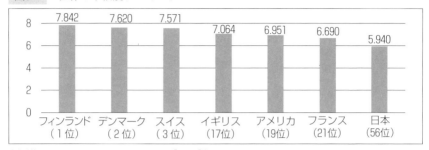

図0-1　世界の幸福度ランキング

（出所）　World Health Organization［2021］"World health statistics 2021: monitoring health for the SDGs, sustainable development goals".

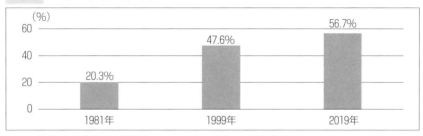

図0-2　老後の経済不安の高まり

＊図の割合は，「老後の生活設計について」の悩み・不安の割合。
（出所）　「国民生活に関する世論調査」（内閣府，昭和56年（1981年）5月調査，平成11年（1999年）12月調査，令和元年（2019年）6月調査）。

　幸福度がもたらす効用として，学術的な先行研究から，高い幸福度は，個人の健康長寿，企業の良好な経営成績にプラスの効果をもつことが知られている。個人の健康長寿面については，医学的なメカニズムとしては，高い幸福度は，ストレス対処や血圧の調節，免疫機能を高め，心疾患などの疾病を予防し，健康長寿につながりやすいことが明らかにされている。また，企業経営への影響については，幸福度は，従業員の心理的健康や働く意欲を高め，企業の経営成績を高めやすいことが注目されてきている。

1-2　日本の低い幸福度，高まる老後経済不安

　だが，現実の社会に目を向けると，日本の幸福度は低く，老後経済不安は顕著に高まってきているという実態がある。2021年の世界幸福度ランキングによ

ると，日本の幸福度は149か国中，56位，先進国の中では低い水準にある（図0-1参照）。また，内閣府「国民生活に関する世論調査」（令和元年 6 月調査）より，日常生活でかかえる悩みや不安のうち，老後生活設計，つまり老後経済不安が 1 番大きい理由を占めている。悩み・不安の理由として老後経済不安をあげる割合は，1981年には20.3％であったが，2019年には56.7％と大きく増加している（図0-2参照）。老後経済不安は，最大の悩み・不安の理由となっている。

1-3　なぜ日本の幸福感・老後経済安心感は低いのか

日本は，世界屈指の健康長寿国であり，皆年金の仕組みも整備されている。これらを勘案すると，むしろ，日本の幸福度は高くても不思議ではない。なぜ，日本の幸福度・老後経済安心感は低いのであろうか。

幸福度に関する多くの先行研究から，幸福度は，様々な要素から構成されており，性別・年齢・婚姻状況などの人口統計学的要因，所得・資産・学歴・職業・就業状況などの社会経済的要因，健康状態，人との豊かなつながり，社会的寛容度などの影響を受けることが知られている。先行研究では，社会経済的要因については，特に，所得・資産に着目してきた。

1-4　研究上の空白域 1 ：
先行研究の蓄積が少ない年金制度・保険・負債要因への着目

しかし，いっぽうで，これまでの先行研究では，年金制度は幸福度に影響を及ぼすことが考えられるにもかかわらず，年金制度に着目した研究の蓄積は十分ではない（表0-1参照）。

本書は，日本の幸福度が低い主要理由の 1 つとして，年金制度に焦点を当てたうえで，年金制度と幸福度の関係について，Webアンケート調査データに基づく定量分析から実証的に明らかにする（表0-2参照）。年金制度が幸福度に影響すると考えられる根拠は，2 点ある。第 1 は，長寿社会により老後生活資金の枯渇不安，老後経済不安が高まる中で，終身年金である公的年金は，生涯にわたり枯渇することなく，所定の年金を受給でき，老後安心感を提供する機能を持つことである。本書では，終身年金による生涯にわたる年金の経済安心提供機能は，年金固有の機能であり，先行研究が焦点を当ててきた所得・資産等の社会経済的要因の影響を考慮してもなお，年金制度要因が幸福度に影響し

表0-1　研究上の空白域１：
　　　　幸福度の影響要因に関する先行研究と本書の注目要因の違い

（先行研究） ・人口統計的要因（性別，年 　齢，婚姻状況） ・社会経済的要因（収入，資 　産，学歴，職業，雇用など） ・健康状態 ・人とのつながり ・社会的寛容度など	（本書）（第１部） ・社会経済的要因として年金・保険・負債等に焦点 ・年金（高齢者の老後収入源の６割を支える）（１章） ・保険（生涯の大きな経済不安を緩和する）（２章） ・負債（奨学金）（教育機会の拡充，返済負担感）（３章） ＊年金による老後の安心，保険による安心，負債による 　返済負荷に着目

（出所）　筆者作成。

表0-2　従来は幸福度研究と年金研究は別々：両者をつなぐ新研究分野開拓が重要

（幸福度研究の例） ・どのような要因が幸福度と関係してい 　るか ・幸福度は個人の健康長寿や企業の経営 　成績にどのようなプラスの効果，効用 　を持つか	（年金研究の例） ・年金財政の安定化 ・厚生年金の適用拡大 ・老後の低年金，無年金の解決策 ・何歳まで働き，何歳から年金を受給するか

（出所）　筆者作成。

ていることを明らかにする。第２は，高齢者世帯の老後収入源の平均６割は，公的年金が支えており，公的年金額は老後収入水準を大きく左右し，収入源としての影響が大きいことである。

　公的年金は，生涯枯渇することのない経済的安心感を得られること，老後収入源の平均６割を支えていることから，将来にわたり，確実に十分に公的年金が提供されれば，老後の安心感は高まり，幸福感にもプラスの影響が及びやすいと考えられる。逆に，年金制度が揺らいだ場合，年金制度への依存度が大きい分だけ，老後の経済的安心感，幸福度へのダメージは大きくなることが考えられる。

1-5　研究上の空白域２：
　　　年金リテラシーの研究-年金知識不足と低年金問題への着目-

　これまでの年金研究では，少子高齢化に伴う賦課方式の年金制度の財政問題，年金未納問題，パート等の厚生年金適用拡大，高齢就労に及ぼす年金制度の影

表0-3　研究上の空白域2：
　　　　年金リテラシーの研究—年金知識不足と低年金問題への着目—

	免除制度等と年金格差	低年金になることの年金知識は十分か？	本書
1	・国民年金保険料の免除・納付猶予の利用	・追納しなければ老後は年金減額になる ・周知度は十分か	5章
2	・60歳年金繰上げ受給の利用	・老後の年金月額が生涯30％減額になる ・周知度は十分か	5章
3	・国民年金と厚生年金の平均的な年金月額格差（国民年金約5万6千円，厚生年金約14万6千円）	・私的年金（イデコ）加入でどこまで低年金を補強できているか ・低年金の人々のイデコ加入は広がっているのか	6章
4	・厚生年金月額における平均的な男女格差（男性約16万4千円，女性約10万3千円）		6章
5	・年金リテラシーが少ない人々の特徴	・若年層，低資産，年金未納	7章
6	・70歳年金繰下げ受給1.42倍の未活用	・老後の年金月額が生涯42％増額になる制度を活用するのはごくわずか ・周知度は十分か	8章

（出所）　筆者作成。

響などに焦点を当てた研究が多かった。いっぽうで，年金知識不足，年金教育の重要性に焦点を当てた研究の蓄積は不足している（**表0-3**参照）。

　現行の年金制度では，年金知識が不足すると，低年金になりやすい年金格差がいくつか存在している。年金知識を十分に保有することで，自分に最適な年金行動を決定し，老後生活資金の最適化をはかることができる。しかし，現状では，そもそも家計がどのくらいの年金知識を保有しているのか，低年金につながりやすい年金事項について，どのくらい年金知識不足の状況にあるかについて，調査・分析した研究は十分ではない。

1-6　年金制度固有の役割：
寿命不確実性下での老後生活資金の枯渇を効果的に防ぐこと

　多くの先行研究が着目してきた社会経済的要因としての収入・資産と，本書が焦点を当てる年金は，老後生活資金を支えるうえで，本質的な違いがある。それは，老後生活の安定には，何歳まで生存するかにかかわらず，老後生活資金の枯渇がないこと，つまり，寿命不確実性の影響を除去できるリスク処理機能が必要であり，それが可能であるのは，保険の仕組みを寿命リスク処理に応

用した年金制度が得意とする機能であることである。先行研究が着目してきた社会経済的要因の1つである預貯金（資産）の取り崩しとの比較から，年金の本質的機能，年金固有の役割について説明する。

　生涯のうち，特に老後期間は，給料収入を得ることが難しく，収入が不安定になりやすい。個人は，公的年金（国民年金と厚生年金），さらには，私的年金，預貯金，債券，株式，投資信託などの私的資産形成などにより，老後生活資金が途中で枯渇することのないように，老後生活資金について計画することが重要である。

　しかし，個人の寿命は不確実である。寿命が不確実の場合，預貯金（資産）の取り崩し等で老後に備えることは，預貯金の過不足が生じて非効率である。予想寿命が実際の寿命よりも短い場合，預貯金を使い切らず，過剰な貯蓄が生じやすい。予想よりも長寿の場合，途中で預貯金が枯渇してしまい，生涯の収入・生活資金は起伏が大きく，不安定になりやすい。

　終身タイプの年金であれば，生きていることを条件に，生涯にわたり，所定の年金を受給できる。寿命が何歳かに関係なく，安定的に生活することができる。そのため，年金は，老後経済不安をやわらげる効果を発揮しやすい。個々人にとっては不確実性が高い寿命であっても，社会全体の平均寿命は安定している。個人で90歳・100歳超の長寿に備えるためには，過剰な貯蓄を備えるコストを要するが，保険制度の仕組みで社会的に老後資金を支える年金制度を利用することで，超長寿に備えるための過剰な老後準備コストを節約することができる。

1-7　年金の理論的有用性が機能するための条件

　Yaari［1965］やKotlikoff and Spivak［1981］などの先駆的な年金の理論研究より，終身年金は，寿命不確実性のもとでは，何歳まで長生きをしても年金収入は枯渇せず，生涯効用を高める効果をもつことが明らかにされている。終身年金では，死亡した人々には年金を支給せず，生存者に集中的に年金支給することで，生存時には預貯金等で備えた場合よりも年金として多くの老後資金を受け取ることができ，資産効果をもつことで，生涯効用を高めることができる。

　終身年金は保険の仕組みで運営されるため，終身年金の理論的有用性が十分に機能するためには，少なくとも3つの条件が必要である。第1は，大数の法則が十分に働くように，できるだけ多数の人々が年金制度に参加することであ

る。大数の法則は，コインの表が出る確率など，試行回数が増えるほど，確率が安定する傾向のことである。終身年金は，生存を老後収入低下リスクとして捉え，生存者に対してのみ保険金としての年金を支給する。そのため，毎年，生存する高齢世代の人々に総額でいくらの年金を準備する必要があるか，年金財源はいくら必要かを正確に計算するためには，平均寿命をできるだけ正確に予想できることが必要である。平均寿命をより正確に予測するには，できるだけ多数の人々が年金制度に参加する必要があるが，公的年金では，日本に居住する20歳以上のすべての人々が参加する年金制度のため，大数の法則は機能しやすい。また，日本の平均寿命は，そもそも，比較的，安定している。

　第2は，年金制度全体について，年金財政が安定し，収支相当の原則が成り立つこと，年金負担総額と年金受給総額が等しくなることである。高齢世代への年金支給総額を，現役世代の年金負担総額で支え切れることである。現役世代が年金制度を支えるだけの経済力があること，現役世代1人当たりの負担が過度に高くならないことが重要である。

　第3は，給付・反対給付均等の原則であり，個々人について，生涯における年金の負担総額と受給見込み総額が等しくなり，払い損にならないことである。払い損，支払い超過になる度合いが大きくなると，終身年金がもつ年金が枯渇しないというプラス効果よりも，年金水準が低すぎるマイナスが上回り，終身年金は寿命リスク処理手段としての魅力を失っていく。

2　年金制度が揺らぎやすい社会経済的背景と　低年金問題，年金知識の重要性

　本来であれば，年金制度は，生涯，生きている限り，年金として老後生活資金を枯渇することなく受給できるため，老後経済不安を緩和することで，幸福度にもプラスの影響を及ぼしやすいと考えられる。

　しかし，現在の日本社会は，年金の理論的有効性が機能するための3つの条件が満たされにくい状況にある。無年金や低年金で年金額が不十分な場合や，年金財政基盤の揺らぎで年金を将来確実に受給できるかどうかについての年金制度不安が広がる場合，逆に，年金制度が老後経済不安や幸福度低下を招くことも考えられる（**表0-4参照**）。現在の日本の年金制度が直面する諸課題と低年金問題，年金知識の重要性についてまとめる。

表0-4　社会経済環境・年金知識不足と低年金・幸福度

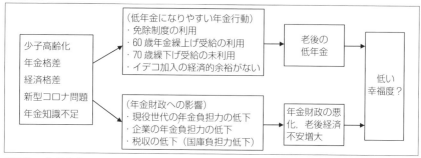

（出所）　筆者作成。

2-1　少子高齢化・長寿化と年金制度の揺らぎ

　年金制度の運営は，難しくなってきている。第1は，少子高齢化による現役世代の負担増加である。日本の公的年金制度は，世代間扶養の機能を持ち，その時々の現役世代の年金保険料負担で，そのときどきの高齢世代の年金給付を支えている。内閣府［2021］「令和3年版　高齢社会白書」によると，65歳以上の高齢世代1人に対する現役世代（15～64歳）の人数は，1960年には11.2人であったが，1990年には5.8人，2020年には2.1人である。高齢世代1人を約2人の現役世代で支える時代になっている。

　第2は，長寿化・平均寿命の急速な伸びに伴う年金の社会保障費用の増大である。国民皆年金制度が発足したのは1961年である。厚生労働省「第22回生命表（完全生命表）」によると，1891～1898年の平均寿命は，男性は42.8歳，女性は44.3歳である。国民皆年金が発足した1961年の前年である1960年の平均寿命は，男性は65.32歳，女性は70.19歳である。その後，平均寿命は急速に伸びた。2015年の平均寿命は，男性は80.75歳，女性は86.99歳である。厚生労働省「令和元年度厚生年金保険・国民年金事業年報（結果の概況）」によると，公的年金の受給者の年金総額は，2019年度末現在，約55兆6千億円に達しており，年金制度の揺らぎが生じている。

　年金制度の揺らぎは，個人サイドからみると，自分は年金をいくら受け取れるのか，数十年後の将来に本当に受け取れるのか，何歳から受給できるのか，負担総額のほうが受給総額よりも大きくなり支払い超過になるのではないかなど，多くの年金不安を高める原因になりやすい。

図0-3　高齢者世帯の平均所得金額の内訳：1990年と2018年の比較

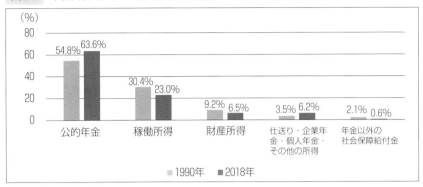

(注)　1990年の「財産所得」は，「家計・地代の所得」と「利子・配当金」の合計を表示。
(出所)　厚生労働省「国民生活基礎調査の概況」より作成。

2-2　老後収入源の6割以上は公的年金：
　　高い年金依存度，低い年金財政基盤

　厚生労働省「国民生活基礎調査の概況」を参考にして，現在の高齢世代の老後収入源の内訳をみると，公的年金は6割以上を占めている（**図0-3**参照）。高齢就労などの稼働所得は，2割を超える程度である。企業年金・個人年金などの私的年金は，1割にも満たない。

　少子高齢化・長寿化など年金財政の基盤は揺らぎ，年金制度をあてにすることは不安が大きい。しかし，公的年金以外の有力な老後収入源の確保は難しい。揺らぎの大きい不確実・不安定な公的年金制度に老後収入源の大半を頼らざるを得ない実態がある。

2-3　年金格差と低年金問題，年金知識の重要性

　公的年金は老後収入源の平均6割を支えており，しかも，公的年金月額は，主に5つの点で，大きな年金格差があり，低年金が問題になりやすい。老後の低年金は，経済困難，低所得に直結しやすく，老後経済安心感と幸福度維持のためには，低年金の予防，十分な年金知識が重要である。

　低年金になりやすい理由として，第1は，国民年金保険料の免除・納付猶予の利用による年金減額である（**図0-4**参照）。免除・納付猶予制度や学生納付特例は，保険料を払うことが難しい場合でも，障害年金と遺族年金の保障を受け

図0-4　免除制度等の利用と年金減額率-追納しない場合-

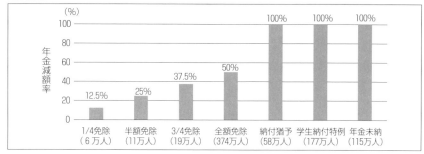

（注）　年金減額率は，追納しない部分のみに対応する年金の減額率。
（出所）　「令和2年度の国民年金の加入・保険料納付状況」（令和3年6月）（厚生労働省）。

図0-5　年金受給開始年齢と公的年金月額の増減倍率

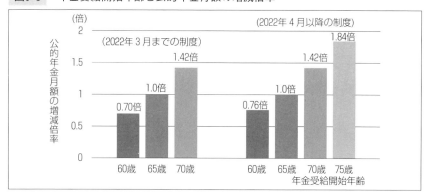

（注）　本書の各章の分析では，新制度の2022年4月よりも前のWebアンケート調査データを
　　　用いているため，公的年金月額の増減倍率は，60歳は0.7倍，65歳は1.0倍，70歳は1.42倍を
　　　前提にして分析している。
（出所）　厚生労働省［2020］「年金制度の機能強化のための国民年金法等の一部を改正する
　　　法律」。

図0-6　老後の平均年金月額の格差：国民年金と厚生年金

（出所）　「令和元年度厚生年金保険・国民年金事業年報（結果の概要）」（厚生労働省）。

ることができる点で非常に重要な制度である。しかし，免除・納付猶予を利用した後に追納しなければ，老後の年金が減額になり，低年金リスクがある。

　第2は，年金繰上げ受給の利用による年金減額である（**図0-5参照**）。老後の年金受給開始は65歳が基本であるが，60歳から早く受給することもできる。60歳繰上げ受給をすると，5年分，早くから年金を受給できる利点があるが，生涯，年金月額は30％減額になり，低年金につながりやすい。

　第3は，年金増額になる仕組みを十分して活用していないことである。公的年金は，70歳まで年金受給を待てば，生涯，年金月額は1.42倍になるが，70歳年金繰下げ受給の利用率は，わずか1％台にとどまる。年金増額の仕組みが十分に活用されていない。

　第4は，国民年金と厚生年金の格差である。主に自営業や非正規雇用等で国民年金加入者の場合，老後は国民年金だけ受給できる。しかし，会社員や公務員等の厚生年金加入者は，老後に国民年金と厚生年金の両方を受給できる。そのため，老後の国民年金の平均年金月額は約5万6千円であるが，厚生年金は約14万6千円である（**図0-6参照**）。2倍以上の年金格差がある。

　第5は，厚生年金月額の男女格差である。厚生年金は，長く掛け金を多く負担するほど，老後の年金月額が多くなる仕組みである。女性の社会参加が男性よりも進んでいないため，女性は低年金になりやすい。厚生年金の平均月額は，男性は約16万5千円，女性は約10万3千円である（厚生労働省［2019］「令和元年度厚生年金保険・国民年金事業年報（概要）」）。

　年金制度には様々な年金格差があり，低年金の予防のためには，個人は十分な年金知識を保有する必要がある。しかし，個人がどのくらい年金知識を保有しているかに関する調査・分析はこれまであまり行われてこなかった。

3　本書の目的

3-1　年金制度と幸福度の関係を明らかにすること

　本書の第1の目的は，筆者が独自に収集したWebアンケート調査データを用いて，年金制度と幸福度の関係を明らかにすることである。

　これまでの先行研究では，幸福度研究と年金研究は別々に行われることが多かった。幸福度の先行研究では，どのような要因や特徴が高い幸福感につなが

表0-5　本書の主な研究目的

第1部 （第1〜4章）	年金制度と幸福度の関連を明らかにすること 多角的側面（年金・保険・奨学金）から幸福度の影響要因を明らかにすること
第2部 （第5〜8章）	年金リテラシーの研究 低年金・老後生活資金不足を誘発しやすい年金知識不足の実態を調査・分析すること

（出所）筆者作成。

るのか，幸福感は健康長寿や企業経営等などにどのようなプラス効果をもたらすかに関する研究などが蓄積されてきた。また，年金制度の先行研究では，年金財政問題，パートへの厚生年金適用拡大，低年金・無年金問題，年金未納問題，年金制度と老後所得保障，年金制度が高齢者の就労抑制など個人の諸行動に及ぼす影響などが研究されてきた。

　しかし，幸福度と年金制度はどのような関連があるのか，どのような年金制度にすれば幸福感や老後安心感は高まるのか，幸福度の維持・向上における個人の年金リテラシーの重要性など，幸福度研究と年金研究を接続した研究は蓄積が少なく，両研究をつなぐ研究空白域を開拓することが大きな研究課題となっている。

　本書では，将来の年金予想額は幸福度と顕著に関係していること，自分自身の老後の公的年金受給額を高く予想するほど幸福度が高いことをアンケート調査データから実証的に明らかにする。十分な年金を受け取れると予想できるような安心できる年金制度の構築，低年金予防が幸福度維持に重要であることが示唆される。

3-2　幸福度の影響要因を多角的に明らかにすること

　本書の第2の目的は，年金制度のほかにも，これまでの先行研究で十分に焦点が当てられることの少なかった諸要因として，共済・保険，奨学金（負債）に注目し，多角的な未知の要因から，幸福度の影響要因をデータ分析から定量的に実証的に明らかにすることである（**表0-5参照**）。

　保険は，少ない負担で事故が生じたときには大きな保障を受けることができる。年金は老後の生活資金が枯渇する長寿リスクを手当てする保険であるが，個人は長寿リスク以外にも様々なリスクに直面している。大きな病気や事故などが生じた場合，個人は大きな経済的ダメージを受け，生涯の収入や生活費に

大きな影響が生じ，幸福度にもマイナスの影響が生じやすくなると考えられる。共済・保険は，大きな病気や事故に備えて経済生活不安を緩和する役割を担っている。本書では，民間等の共済・保険の加入によるリスクへの備えが幸福度にどのような影響を及ぼしているかについて明らかにする。

　さらに，負債と幸福度との関係を明らかにする。負債の1つとして奨学金に着目した。奨学金は，家計の経済状況にかかわらず，教育機会を確保しやすくなり，生涯所得増加等により，幸福度にプラスの影響を及ぼすことが予想される要因である。しかし，奨学金は負債（借金）の側面があるため，負債の返済負担感はむしろ幸福度を低くする可能性もあり，その可能性が顕在化しているかどうかについて分析する。

3-3　低年金につながる年金知識不足の実態を調査・分析すること

　第3の目的は，低年金につながる年金知識不足の実態を調査・分析することである。データに基づく分析から，国民年金保険料の免除制度の利用，60歳年金繰上げ受給の利用，70歳年金繰下げ受給の未活用に焦点を当て，年金知識不足のために，年金減額になる低年金の選択が行われている可能性が高いかどうかについて分析する。

　老後に年金減額になることを知った上で，家計が苦しいために免除制度や60歳繰上げ受給を利用しているのか，それとも，老後に年金減額になることの年金知識が不足しているために，年金減額・低年金になるリスクの自覚のないままに，低年金につながりやすい年金制度を利用している可能性が高いのかを明らかにする。

　さらに，低年金を補強するうえでの私的年金の課題について分析する。公的年金には，国民年金と厚生年金があるが，両者には大きな年金格差がある。老後の年金月額は，平均で，国民年金は約5万6千円であるが，厚生年金は約14万6千円である。さらに，厚生年金においても，年金月額の男女格差は大きく，厚生年金月額の平均は男性は約16万5千円，女性は約10万3千円である。老後の低年金を防ぐために，3階部分の私的年金への加入が重要であり，イデコは低年金を解消するうえで有望な3階部分の私的年金である。しかし，男性で資産が高く年金が多く受け取れる人々ほど，イデコ加入率は高く，低年金の解消には多くの課題が残されていることを明らかにする。

表0-6　筆者がオリジナルに考案・収集した，本書のWebアンケート調査の一覧

	調査年月	調査主体	調 査 対 象	回収サンプルの人数	データ使用の章
1	2020年3月	佐々木	日本全国の男女20〜59歳	1,600人	5章・6章
2	2019年3月	佐々木	日本全国の男女50〜59歳，70〜74歳	1,000人	8章
3	2017年9月	佐々木	日本全国の男女20〜59歳	3,000人	1章・3章・4章
4	2016年12月	佐々木	日本全国の男女20〜69歳	3,000人	2章
5	2015年3月	佐々木	日本全国の男女20〜59歳	2,000人	7章

4　本書の特徴

4-1　筆者がオリジナルに考案・収集したWebアンケート調査データによる分析

　本書の第1の特徴は，筆者がオリジナルに収集したWebアンケート調査データを用いて，幸福度の要因分析を行うこと，年金リテラシー不足の分析を行うことである（表0-6参照）。

4-2　年金研究と幸福度研究を接続すること

　本書の第2の特徴は，年金研究と幸福度研究を接続することである。先行研究では，社会経済的要因として特に所得・資産に注目することが多かったが，年金制度に焦点を当てることは非常に少なかった。本書では，幸福度の影響要因を分析する際，年金制度に焦点を当て，年金研究と幸福度研究を接続する研究を行う。

4-3　研究蓄積が不足している年金リテラシーの実態と要因分析に焦点を当てること：先行研究蓄積が潤沢な金融リテラシー研究，蓄積が乏しい年金リテラシー研究

　本書の第3の特徴は，先行研究では研究蓄積が十分に進んでいない年金リテラシーに焦点を当て，年金知識不足の実態について調査・分析することである。年金知識不足が低年金問題を解決するうえで重要であることを分析する。

5　本書の構成・要約

●本書の要約

　本書は，2部構成で，8章から構成されている（表0-7参照）。第1部は第1章〜第4章であり，年金制度を中心に，共済・保険，奨学金と幸福度との関係を分析する。第2部は，第5章〜第8章であり，年金リテラシー不足について調査・分析する。終章では，本書の主要な結論，最適な年金教育メニュー，幸福度と年金制度をめぐる今後の研究課題等を提示する。

●第1部　幸福度の要因分析―年金・保険・奨学金と幸福度―

第1章　年金・老後経済不安と幸福度

　幸福度が低く，老後経済不安が高い日本では，幸福度の未知の影響要因を明らかにすること，幸福度と年金制度の関係，老後経済不安を軽減する方策を明らかにすることが重要である。本章では，20〜59歳の男女を対象にしたアンケート調査データを用いた上で，老後の公的年金予想額が低い場合は老後経済不安は顕著に高いこと，さらに，老後の公的年金予想額が低い場合は幸福度は低いことを明らかにした。老後経済不安を軽減し，幸福度を高めるためには，年金を多く受け取れる仕組みを整備すること，低年金の予防が重要であることが示唆された。

第2章　共済・保険と幸福度

　共済と保険は，家計を取り巻く諸リスクを効果的に処理する重要な保険手段である。これまでの先行研究では，共済と保険を制度面から論じた研究が多かった。しかし，共済・保険への加入影響要因，および，共済・保険と幸福度の関係に焦点を当てた研究は，十分に蓄積されていない。共済と保険は，家計がかかえるリスク処理を通じて，安心を高める効果があるため，共済・保険への加入は，幸福度を高めることが考えられる。本章の分析結果から，保険種別として死亡保険・死亡保障に着目し，共済・保険の加入影響要因については，20代の若年世代は加入率が顕著に低いこと，雇用形態として正社員である場合は加入率が顕著に高いことが明らかになった。若年非正規で経済的に不安定な人々が，共済・保険の保障からはずれやすいことが示された。さらに，保険へ

表0-7　各章の主な分析結果

部	章	タイトル	主な内容・分析結果
1	1	「年金・老後経済不安と幸福度」	年金受給予想月額が高い場合，老後経済不安は軽減し，幸福度は高い
	2	「共済・保険と幸福度」	共済・保険の加入者は幸福度が高い
	3	「奨学金と幸福度」	奨学金返済の負担感は幸福度を低くする
	4	「家族内の仕送り・生活資金援助の分析」	年金未納者は，成人後も親から生活資金援助を受けている割合が顕著に高い
2	5	「新型コロナ問題と年金リテラシー不足・低年金リスク」	免除・納付猶予等の年金リテラシーは低く，新型コロナ問題による家計収入の低下は，近視眼的な年金選択の誘発と低年金が懸念される
	6	「イデコと老後の年金格差拡大」	経済力が高い人々は，イデコ加入率が顕著に高い
	7	「年金知識不足の人々の特徴」	金融リテラシーと金融資産保有額が低い場合，年金リテラシーは顕著に低い
	8	「繰下げ受給の年金知識不足」	70歳年金繰下げ受給の利用率が低いのは，年金知識不足が主原因である

の加入は，高い幸福度と顕著に関連していることが明らかになった。

第3章　奨学金と幸福度

　本章の目的は，全国の20～59歳男女を対象にしたWebアンケート調査データ3,000サンプルを使用して，奨学金と幸福度との関連を分析することである。分析結果から，金額面でみた奨学金の借入金額の大小は幸福度には影響していないこと，むしろ，心理的にみた奨学金返済の負担感の重さが幸福度に対して顕著に影響していることが明らかになった。また，統計的に顕著ではないものの，在学時に奨学金を勉学・部活・就職活動でメリットを感じるように有効活用していた人々は，幸福度が高い傾向があった。今後，奨学金返済の免除・猶予制度拡充や奨学金リテラシー教育が幸福度に及ぼすインパクトを分析することが，研究課題の1つになると考えられる。

第4章　家族内の仕送り・生活資金援助の分析

　本章では，20～59歳の成人した子のサイドに焦点を当て，全国のWeb調査データ3,000サンプルを用いて，親から子への仕送りの要因を実証的に分析した。20～59歳の成人した子が親から定期的な資金援助を受けている割合は，低い世

帯年収，非正規雇用，無職，国民年金の免除・納付猶予，未納，奨学金滞納の場合，顕著に高いことが明らかになった。収入・雇用・年金・奨学金の面で経済的に苦しい現役世代が，年金受給者等の高齢者を含む親世代から仕送りを受ける割合が顕著に高いことが示された。高齢世代の親が半永久的に仕送りを続けることは，寿命や資産枯渇のため困難であり，仕送りが途絶えたとき，数十年後の将来に大きな社会・経済的問題になることが予想される。家族の支えは限界が大きいため，非正規雇用の正規雇用化や社会保障拡充での対応など，生活資金を補完する社会的対応がいっそう必要と考えられる。

●第2部　年金リテラシーの研究―年金知識不足と低年金・老後生活資金不足のリスク―

第5章　新型コロナ問題と年金リテラシー不足・低年金リスク

　新型コロナ問題は，健康面，家計・企業経営の経済面に多大な影響を及ぼすだけにとどまらず，今後，年金制度にも多くの難問を投げかける可能性がある。新型コロナ問題で低収入や就業不安が多くなると，年金制度の財政基盤が悪化し，年金財政を支えられなくなってくる。また，低収入や有効求人倍率の低下は，国民年金保険料の免除利用や60歳年金繰上げ受給利用を誘発し，家計は老後に低年金になりやすくなる。

　本章の調査・分析結果から，免除や60歳繰上げ受給を利用した場合には老後に年金減額になることについて，家計の年金知識は低いことが明らかになった。さらに，老後の低年金につながりやすい国民年金保険料の免除・納付猶予・未納者について，無貯蓄率が顕著に高いこと，老後資金計画を立てていない傾向が高いことが明らかになった。

第6章　イデコと老後の年金格差拡大

　3階部分の私的年金の1つであるイデコは，昨今，老後の低年金を補強する有力手段の1つとして注目が集まっている。イデコは，5,000円という少額から加入でき，税制上の様々な優遇を受けることができる。しかし，イデコは加入者数は急増しているとはいえ，20〜59歳世代のイデコ普及率は依然として約3％程度にとどまる。本章では，筆者が収集した独自のアンケート調査データを用いて，なぜ，イデコは十分に普及していないのか，企業年金や個人年金の未加入者にイデコ加入が普及してきているかを分析した。分析の結果，男性，

高資産，正社員，企業年金加入者，個人年金加入者のイデコ加入率が顕著に高く，高年金が予想される人々のイデコ加入率が逆に高いことが明らかになった。低資産や企業年金・民間個人年金の未加入者は，イデコの必要性は高いにもかかわらず，イデコ加入率はむしろ低いことが示された。60歳まで引き出せない仕組みを緩和することなど，イデコを活用しやすい制度の検討が重要である。

第7章　年金知識不足の人々の特徴

　長寿化は世界の多くの国々でみられ，個々人が老後に必要な生活資金をどう確保するかが大きな課題になっている。老後資金計画に関連して，金融リテラシーの先行研究蓄積は豊富であるものの，年金リテラシーに関する研究蓄積は非常に少ない。本章の目的は，年金リテラシーの影響要因，および，年金リテラシーと金融リテラシーの関連を明らかにすることである。本章の分析の結果，以下の2点が明らかになった。第1は，年金リテラシーが低い人々の特徴として，男性であること，20代の若い世代であること，金融資産保有額が少ないこと，国民年金未納であることなどが明らかになった。第2は，低い金融リテラシーは，低い年金リテラシーと顕著に関連があることが明らかになった。年金教育と金融教育を融合したリテラシー教育が重要と考えられる。

第8章　繰下げ受給の年金知識不足―なぜ70歳年金受給は少ないのか，どのような人々が70歳を超えても高齢就労しているのか―

　人生100年時代，老後の2,000万円生活資金不足の問題を解消する方法として，70歳年金繰下げ受給が1つの方法として考えられる。70歳まで年金受給を待つことで，65歳から年金を受給する場合よりも，生涯の年金受給月額は，1.42倍になる。しかし，70歳まで年金を待つ割合は，わずか1％台にとどまる。なぜ，70歳年金繰下げ受給は少ないのだろうか。合理的な年金行動の結果として，70歳年金繰下げ受給は選択されていないのだろうか。

　本章の分析の結果，70歳まで年金を待つと，年金月額は1.42倍に増額になるが，1.42倍よりも低い割合にしか増額にならないと考えている家計が9割を超えることが明らかになった。70歳繰下げ受給が合理的に選択されていない理由として，年金知識不足が1つの理由になっている可能性が示唆された。

終章　幸福な年金制度の設計に向けて

　本書の主要な結論を提示する。そのうえで，年金教育の重要性，幸福度と年金制度をめぐる今後の新研究テーマについて展望する。

第1部

幸福度の要因分析
―年金・保険・奨学金と幸福度―

第**1**章

年金・老後経済不安と幸福度

1　どのような年金制度にすれば
　幸福感・老後安心感は高まるのか

　幸福度の世界ランキングで，現在，世界149か国のなかで，日本は56位である（「World Happiness Report 2021」）。スウェーデン，ノルウェー，フィンランド，デンマークなどの北欧諸国は，幸福度の上位を占めている。教育，社会福祉，社会保障が充実しており，老後の所得保障も充実している国々が多いことで知られている。

　世界屈指の長寿社会の日本では，今後ますます，高齢期の人生の質，生きがい，健康長寿，幸福，笑いや楽しみを高めていくことが重要である。日本は，皆年金と皆保険の仕組みも整備されている。健康長寿で皆年金・皆保険の仕組みが整っているにもかかわらず，なぜ，北欧・先進諸外国と比べて，日本の幸福感は低いのだろうか。

　その主要な理由として，老後の年金受給額が十分ではないこと，老後の年金格差が大きいこと，将来の年金減額リスクと年金支給開始年齢の引き上げのリスク・不確実性が大きいこと，それらに伴う老後の経済不安が大きいことなどの影響が考えられる。

　所得・経済力と幸福感の密接な関連を示す先行研究が多く蓄積されていること，高齢世代の老後所得の約6割を公的年金が占めていることを踏まえると，年金制度は幸福度と顕著に関連していることが考えられる。本章の研究目的は，

幸福度・老後経済不安の決定要因に関する先行研究を考察し，老後の年金予想額が幸福度と老後経済不安にどのように関連しているのかを分析したうえで，高い幸福度・老後安心感につながりやすい年金制度設計について分析することである。

2　先行研究

2-1　老後経済不安と生涯安定した収入・生活を求める人間心理

　内閣府［2019］の「国民生活に関する世論調査」（令和元年 6 月調査）によると，日本では，日常生活での悩みや不安を感じている人々の割合は，63.2％である。さらに，悩みや不安の一番の理由として，老後の生活設計，つまり，老後経済不安が56.7％に達している。

　生涯にわたる消費を安定的に平準的にするには，個人貯蓄の保有と取り崩し，保険によるリスクへの備え，年金による老後経済リスクへの対応が重要である。

　特に高齢期は，定年退職や健康面など様々な理由により，十分な就労収入を見込むことが難しくなる。老後に就労収入が落ち込んでも，老後も消費水準を安定させ，生涯の消費水準をなるべく平準的にするためには，現役期に収入のすべてを使い切るのではなく，老後に備えて個人貯蓄を行う必要が出てくる。個人貯蓄を保有することで，所得が変動しても消費水準を安定的に保つことができる。

　だが，個人貯蓄だけでは，老後生活資金不足に十分に対応することは難しい。自分自身の寿命が不確実なため，個人貯蓄では，貯蓄の過不足が生じて非効率であるからである。90歳，100歳，100歳超など，長寿に備えようとするほど，予想よりも短命だった場合，貯蓄を効率よく使い切ることが難しく，過剰な貯蓄が生じやすい。また，予想よりも長寿だった場合，貯蓄が途中で枯渇し，生活が困難になる。

　Yaari［1965］などによる年金の研究より，終身タイプの年金は，生存を条件に生涯にわたり安定的に年金を受給でき，生涯消費を安定でき，生涯の効用を高める効果が期待できることが明らかにされている。Yaari［1965］は，個人の寿命が不確実な状況のもとで，年金料率が公平な終身年金を利用する場合と，利用しない場合を比較し，終身年金の利用により，生涯効用が高まること

を示している。

　公的年金も終身年金であり，老後は生涯にわたり，年金を受給できる。そして，公的年金は，高齢世代の老後生活収入源の約6割を支えている。厚生労働省「2019年国民生活基礎調査の概況」によると，高齢者世帯の平均的な所得構成は，公的年金は63.6%，稼働所得は23.0%，財産所得は6.5%，仕送り・企業年金・個人年金・その他の所得は6.2%，年金以外の社会保障給付金は0.6%である。

　しかし，老後生活資金が不足しやすいこと，高齢者の間で年金格差が大きいことなどのため，老後経済不安が生じやすい。また，少子高齢社会の中では，年金財政は厳しくなってきており，将来の年金減額リスクがあること，現在は65歳から通常受給できる公的年金は，支給開始年齢が70歳などへ引き上げられる可能性もある。そのため，本来は老後経済不安を軽減するはずの年金制度が，逆に，老後経済不安を増幅することも考えられる。

　先行研究から，老後経済不安や経済不安一般は，性別や年齢などの人口統計学的要因，所得・負債・教育などの社会経済的要因，健康状態，国全体のマクロレベルの所得格差や社会保障制度などが関連していることが明らかにされている。

　de Bruijn and Antonides［2020］は，低所得および負債は，将来の金銭面の不安と顕著に関連することを明らかにしている。また，Loibl et al.［2020］は，負債と金銭的ストレスの関連を明らかにしている。Hamid and Loke［2021］は，低所得と低い金融リテラシーはクレジットカードの滞納率が高い関連があることを示している。

　Hershey et al.［2010］は，欧州の19か国における18〜60歳の現役世代を対象にした研究で，将来の老後所得不安に関連する要因を分析している。老後所得不安の尺度は，回答者本人が将来の老後所得が自分の老後をカバーするうえで十分でないという不安について，0点は全く不安がない場合，10点は非常に不安が大きい場合としたうえで，0点から10点までの11段階で回答している。同研究によると，顕著に老後所得不安が高い人々の特徴は，年齢が高いこと，男性よりも女性，所得が不十分であること，教育年数が短いこと，健康状態がよくないことであることを明らかにしている。また，国レベルの要因として，ジニ係数が高く所得格差が大きい国の回答者の場合，および，2050年時点に予想される高齢化率が高い国の回答者の場合，老後所得不安は顕著に高い傾向が

あることを示している。さらに，同研究では，年金改革に着目し，国が年金受
給資格年齢の引き上げを行ったことと，老後所得不安とは，顕著な関連はみら
れないことを示している。

　低所得や負債保有が老後経済不安と関連があることを示す先行研究を踏まえ
ると，老後収入源の平均6割を占める公的年金の予想月額の水準は，老後経済
不安に関連していることが考えられる。

2-2　幸福感の影響要因は何か：
　　　人口統計学的要因・社会経済的要因・健康状態・人とのつながり・
　　　社会的寛容度など

　先行研究によると，幸福感の影響要因は，主に，人口統計学的要因，社会経
済的要因，健康状態，人々の社会的つながり，文化的要因などであることが明
らかにされてる（Xiao et al.［2021］，Muresan et al.［2019］，Clark and Lee
［2017］，Ergin and Mandiracioglu［2015］，Kye and Park［2014］など）。人
口統計学的要因は，男性よりも女性，未婚者よりも既婚者のほうが幸福度が高
い傾向がある。社会経済的要因は，高所得，高資産，負債を保有しないこと，
長い教育年数，安定就業などで，幸福度は高いことが明らかにされている。健
康状態については，健康であるほうが不健康の場合よりも，幸福度が高いこと
が示されている。社会的なつながりが多いこと，寛容度の高い社会において，
幸福度は高い傾向がみられる。

　高所得・高資産と幸福度との関連については，Muresan et al.［2019］，
Ergin and Mandiracioglu［2015］，Kye and Park［2014］，Xiao et al.［2021］
などの先行研究がある。Muresan et al.［2019］は，2008年から2016年の期間
のデータを用いて，ヨーロッパの26か国における所得水準と幸福度の関連を分
析している。Muresan et al.［2019］によると，所得の境界点までは，所得の
増加は幸福度の増加と顕著に関連していることを明らかにしている。また，
Ergin and Mandiracioglu［2015］は，所得水準を低所得・中所得・高所得の
3段階に分類し，高所得を基準にした場合，低所得の場合は低い幸福度になる
確率が4.3倍高い関連があることを示している。Xiao et al.［2021］は，高資産
と高い幸福度の関連を示している。

　また，Xiao et al.［2021］は，2013年，2015年，2017年の3時点における中
国のデータを用いて，消費者の負債と幸福度の関連について研究している。同

研究の分析結果によると，負債保有は，消費者全体のうち，特に，低所得者層と中所得者層の幸福度低下と顕著に関連していることを明らかにしている。所得が低い場合は負債保有に伴う幸福度の低下が大きいため，負債に関する政策立案にあたっては，低所得の場合には幸福度の低下が大きいことに十分に留意したクレジット市場の政策立案が重要であることが示唆されている。同研究は，負債と幸福の関連，所得階層ごとにおける負債と幸福の関連の一般化妥当性について，他の国々でも共通してみられるかどうかの検証が重要であることを指摘している。

　Clark and Lee［2017］は，幸福度に関連する社会経済的要因として，本人自身の要因だけではなく，親の社会経済的要因の影響にも焦点を当てている。Clark and Lee［2017］は，人生初期の18歳時点での親の所得，親の教育が，本人（子供）の50歳以降の幸福度に影響していることを明らかにしている。同研究からは，親の所得や親の教育という，子供の時点での家計の社会経済的要因が，30年以上先の本人の幸福度に影響を及ぼすことが示唆されている。家計が低所得の場合，50歳以降の遠い先の将来において，本人の幸福度が低くなりやすい傾向があることが示唆されている。社会保障制度の拡充により，家計の経済格差，所得格差を是正することは，子供期の家計の経済格差を縮小するだけではなく，将来にわたる幸福度の格差を縮小できる効果をもつことが期待できる。

　Cheng and Yan［2021］は，中国における80歳以上の高齢者の幸福度について分析し，経済的独立は高い幸福度と関連していることを示している。

　Kye and Park［2014］は，低いストレス，定期的な運動は，高い幸福度と顕著に関連することを示している。また，Clark and Lee［2017］は，心理的健康と幸福度の顕著な関連を明らかにしている。

　さらに，Muresan et al.［2019］の研究では，社会的要因や個人特性に焦点を当て，寛容度の高い社会であること，楽観的であることは，高い幸福度と関連があることを明らかにしている。Clark and Lee［2017］は，社会参加は高い幸福度と関連があること，Cheng and Yan［2021］は余暇活動と高い幸福度は関連があることを明らかにしている。

2-3　幸福感の効用

　幸福度は，健康や長寿などの面でプラスの効果をもつことが知られている。

高齢就労促進の点からも，健康と長寿に対してプラスの効果をもつ高い幸福度の維持は重要である。

　Lawrence et al.［2015］は，幸福と長寿の関係を分析している。非常に幸福の場合を基準にすると，やや幸福の場合は死亡リスクは6％上昇し，幸福でない場合は死亡リスクは14％上昇することを明らかにしている。同研究は，婚姻状況，社会経済的要因等を調整した上で，幸福は長寿を高めることを明らかにしている。

2-4　公的年金の予想月額と幸福度・老後経済不安

　高所得・高資産と幸福度が関連することが先行研究から示されていること，高齢世代の平均的な老後所得の約6割を公的年金が占めていることを踏まえると，公的年金が幸福度・老後経済不安と顕著に関連していることが考えられる。

　しかし，年金と幸福度・老後経済不安の関連については，研究蓄積は十分ではない。年金と幸福度に関する先行研究には，Sasaki et al.［2018］，Fang and Sakellariou［2016］，Iramani and Lutfi［2021］などがある。Sasaki et al.［2018］は，要介護認定を受けていない65歳以上の高齢者を対象にした分析から，無年金は幸福度が顕著に低いことなど，年金種別は幸福度と有意に関連することを明らかにしている。また，Fang and Sakellariou［2016］は，年金への加入は高い幸福度と関連していることを明らかにしている。Iramani and Lutfi［2021］は，年金加入は金融上の幸福度が高いことを示している。

　年金種別・年金加入と幸福度との関連は，徐々に明らかにされてきている。だが，幸福度・老後経済不安を説明づけるうえで，将来の公的年金予想額に焦点を当てた研究は，十分には蓄積されていない。平均で老後所得の約6割を公的年金が支えているため，将来の公的年金受給月額をどのように予想するかは，老後の収入水準予想を大きく左右し，幸福度・老後経済不安と関連することが考えられる。

　本章では，筆者が独自に収集した全国の20〜59歳の男女3,000サンプルのWebアンケート調査データを用いて，現役時点での公的年金の予想額が幸福度と老後経済不安にどのように関連しているのかを分析し，高い幸福度・老後安心感につながりやすい年金制度設計について分析する。

3　方　　法

3-1　データ

　本章の分析で使用するデータは，Webアンケート調査で収集したデータである。調査は，2017年9月に行った。筆者が調査設計した上で調査票を作成し，外部の調査会社に調査を委託した。調査対象は，20～59歳の男女3,000名である。学生は調査対象から除外している。3,000サンプルのデータ収集においては，性別，10歳間隔の年齢，全国のエリアを8区分し，総務省「住民基本台帳に基づく人口，人口動態及び世帯数（平成29年1月1日現在）」による日本全体の人口比率を反映するように，サンプルの割付を行った。

3-2　アウトカム変数

　幸福度の分析におけるアウトカム変数は，アンケート回答者の幸福度である。また，老後経済不安の要因分析におけるアウトカム変数は，アンケート回答者の老後経済不安の大小である。

　幸福度については，アンケート調査では，「全体的にみて，現在，あなたはどの程度幸せですか」とたずね，非常に幸せである，やや幸せである，あまり幸せではない，全く幸せでない，の4つの回答選択肢を設定した。幸福度は，「非常に幸せである」または「やや幸せである」を回答した場合は幸福であるとし，「あまり幸せではない」または「全く幸せでない」を回答した場合は幸福ではないと分類する。

　老後経済不安については，アンケート調査で，老後の経済不安は大きいかどうかをたずねている。回答選択肢は，あてはまる，あてはまらないの2つである。「あてはまる」を回答した場合は，老後経済不安は大きいとし，「あてはまらない」を回答した場合は，老後経済不安は小さいと分類する。

3-3　主要な予測因子：老後の公的年金の予想年金月額

　主要な予測因子は，老後の公的年金の予想年金月額である。老後の公的年金の予想年金月額は，Webアンケート調査では，今の1万円の価値と高齢者になったときの1万円の価値は同じという前提のもとで，「あなたが高齢者に

なったとき，あなた自身が受け取る公的年金が，月々，いくらくらいになると
予想しますか」とたずねている。回答選択肢は，0円から40万円未満までは
5万円間隔で設定し，40万円以上は一括した回答選択肢とした。統計分析では，
5万円未満，5〜10万円未満，10〜15万円未満，15〜20万円未満，20万円以上
の5つに分類した。

3-4　共 変 量

　共変量については，人口統計学的要因は，性別（男女），年齢（20〜29歳，
30〜39歳，40〜49歳，50〜59歳），婚姻状況（既婚，未婚，離婚，死別）に分
類した。社会経済的要因は，世帯年収（300万円未満，300〜500万円未満，500
〜700万円未満，700〜1,000万円未満，1,000万円以上），世帯金融資産（300万
円未満，300〜500万円未満，500〜1,000万円未満，1,000万円以上），学歴（中
学校・高校卒，専門学校・短大等卒，大学・大学院卒），雇用形態（正社員，
非正規雇用，自営業・会社経営，無職）に分類した。主観的健康観は，現在の
健康状態が「よい」＋「まあよい」，「あまりよくない」＋「よくない」に分類
した。老後の経済不安は，老後経済不安が大きい場合と小さい場合で2分類し
ている。
　老後経済不安をアウトカム変数にした分析では，家計の支出超過を共変量に
含めている。家計の支出超過は，過去1年間における，家計の月々の支出が収
入を超過するかどうかで分類した。賞与・ボーナス等がある場合は，1か月あ
たりに換算して，月々の収入に加える回答形式にしている。

3-5　統計分析

　本章の研究では，幸福度の要因分析，および，老後経済不安の要因分析を行
うため，ロジスティック回帰分析を行い，オッズ比と95%信頼区間を算出した。
幸福度は，「非常に幸せである」または「やや幸せである」の場合は1，「あま
り幸せではない」または「全く幸せでない」の場合は0とする2値変数である。
老後の経済不安は，大きい場合は1，小さい場合は0の2値変数である。

4　公的年金の予想月額が幸福度・老後経済不安に及ぼす影響の分析

4-1　公的年金の予想月額の分布，老後経済不安が大きい割合，幸福度の分布

　表1-1は，アンケート回答者の記述統計量をまとめている。サンプル数は3,000である。平均年齢は，40.7歳（SD=10.4）である。男女比は，男性50.8%，女性49.2%である。老後経済不安は，「大きい」は82.3%，「小さい」は17.7%である。幸福度は，「非常に幸せである」「やや幸せである」はそれぞれ14.8%，53.7%，「あまり幸せではない」「全く幸せでない」はそれぞれ23.4%，8.1%である。

　公的年金の加入納付等の状況は，厚生年金加入は60.8%である。国民年金は，納付は18.8%，免除・猶予は6.8%，年金未納は1.4%，第3号被保険者は10.1%，公的年金（障害年金・遺族年金など）の受給は2.1%である。

　図1-1より，老後の公的年金予想月額は，5万円未満は30.1%，5〜10万円未満は35.8%，10〜15万円未満は20.5%，15〜20万円未満は8.1%，20〜30万円未満は4.0%，30万円以上は1.4%である。**図1-2**より，厚生年金加入者は，国民年金加入者よりも，高い金額の予想月額の割合が多い。

4-2　予想年金月額と老後経済不安，幸福度

　図1-3は，老後の公的年金の予想月額と老後経済不安が大きい割合をまとめている。老後の公的年金の予想月額を高く予想する場合，老後経済不安を感じる割合は低い。

　図1-4は，老後の公的年金の予想月額と幸福の割合をまとめている。老後の公的年金の予想月額を高く予想する場合，「非常に幸せである」「やや幸せである」に該当する割合が高い傾向がある。

4-3　老後経済不安の要因分析結果：低年金予想は老後経済不安と顕著に関連している

　表1-2は，老後経済不安の要因について，ロジット推定結果をまとめている。

表1-1　記述統計量（N=3,000人）

	N	%		N	%
性別			主観的健康観		
男性	1,524	50.8	よい	554	18.5
女性	1,476	49.2	まあよい	1,641	54.7
年齢			あまりよくない	670	22.3
平均年齢（SD）	40.7歳	(SD=10.4)	よくない	135	4.5
20〜29歳	611	20.4	公的年金の加入納付等の状		
30〜39歳	742	24.7	況（20〜59歳）		
40〜49歳	914	30.5	厚生年金(加入)	1,825	60.8
50〜59歳	733	24.4	国民年金(納付)	563	18.8
婚姻状況			国民年金(免除・猶予)	205	6.8
既婚	1,801	60.0	国民年金(未納)	43	1.4
未婚	1,009	33.6	国民年金(第3号被保険者)	302	10.1
離婚	169	5.6	公的年金(障害年金・遺	62	2.1
死別	21	0.7	族年金など)受給		
世帯年収			家計の支出超過		
300万円未満	623	20.8	支出超過である	1,010	33.7
300〜500万円未満	825	27.5	支出超過ではない	1,990	66.3
500〜700万円未満	649	21.6	老後経済不安		
700〜1,000万円未満	584	19.5	大きい	2,469	82.3
1,000万円以上	319	10.6	小さい	531	17.7
世帯金融資産			老後の公的年金の予想月額		
300万円未満	1,425	47.5	5万円未満	904	30.1
300〜500万円未満	446	14.9	5〜10万円未満	1,075	35.8
500〜1,000万円未満	536	17.9	10〜15万円未満	616	20.5
1,000万円以上	593	19.8	15〜20万円未満	244	8.1
学歴			20〜30万円未満	119	4.0
中学校・高校卒	886	29.5	30万円以上	42	1.4
専門学校・短大等卒	772	25.7	幸福度		
大学・大学院卒	1,342	44.7	非常に幸せである	445	14.8
雇用形態			やや幸せである	1,610	53.7
正社員	1,395	46.5	あまり幸せではない	701	23.4
非正規雇用	681	22.7	全く幸せでない	244	8.1
自営業・会社経営	236	7.9			
無職	688	22.9			

（出所）　佐々木［2021a］。

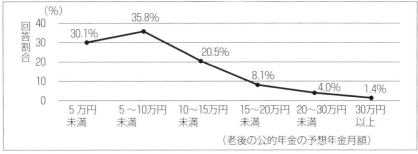

図1-1　老後の公的年金の予想年金月額－全体－

（出所）　佐々木［2021a］。

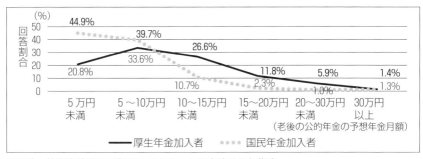

図1-2　老後の公的年金の予想年金月額－国民年金加入者と厚生年金加入者による分類－

（出所）　筆者実施の2017年Webアンケート調査結果より作成。

男性よりも女性，40代，世帯金融資産が少ないこと，主観的な健康状態が悪い場合，老後経済不安は顕著に高い。

　また，老後の公的年金予想額が低いことは，老後経済不安と有意な関連がみられた。この関連は，世帯年収と世帯金融資産を調整した上でも維持されている。老後の公的年金予想額について，20万円以上を基準とすると，5万円未満の場合は，老後経済不安は高い傾向があることが示された（オッズ比2.48，95％信頼区間1.62〜3.80）（図1-5，表1-2参照）。

4-4　幸福度の要因分析結果：
　　低年金予想は低い幸福度と顕著に関連している

　表1-3は，幸福度（非常に幸せである，やや幸せである）に関するロジット

図1-3　老後経済不安が大きい割合
　　　　－老後の公的年金の予想年金月額で分類した場合－

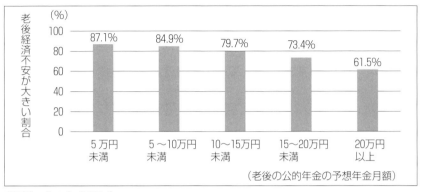

（出所）　佐々木［2021a］。

図1-4　幸福の割合－老後の公的年金の予想年金月額で分類した場合－

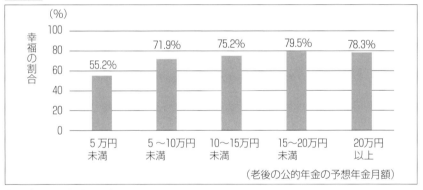

（出所）　佐々木［2021a］。

推定結果をまとめている。男性よりも女性，年齢が若いこと，既婚，世帯年収が高いこと，良好な主観的健康観は，高い幸福度と顕著に関連している。

　老後の公的年金予想月額については，幸福度のオッズ比（95％信頼区間）は，5万円未満を基準にすると，5～10万円未満の場合は1.70（1.36-2.11），10～15万円未満の場合は1.97（1.49-2.60），15～20万円未満の場合は2.31（1.55-3.45），20万円以上の場合は1.81（1.14-2.87）である。社会経済的要因（世帯年収，世帯金融資産，学歴，雇用形態）を考慮してもなお，老後の公的年金予想月額が高い場合，幸福度は高いことが示された（図1-6，表1-3参照）。

表1-2　老後経済不安に関するロジット推定結果（N=3,000人，20〜59歳）

	モデル1			モデル2		
	オッズ比	95%信頼区間	有意確率	オッズ比	95%信頼区間	有意確率
性別（基準：女性）						
男性	0.68**	(0.53, 0.87)	0.002	0.71**	(0.55, 0.92)	0.008
女性	1.00			1.00		
年齢（基準：20〜29歳）						
20〜29歳	1.00			1.00		
30〜39歳	1.28	(0.94, 1.74)	0.117	1.32	(0.97, 1.80)	0.081
40〜49歳	1.46*	(1.07, 1.99)	0.017	1.47*	(1.07, 2.01)	0.016
50〜59歳	1.14	(0.82, 1.58)	0.425	1.11	(0.80, 1.54)	0.529
婚姻状況（基準：既婚）						
既婚	1.00			1.00		
未婚	0.96	(0.75, 1.24)	0.780	1.00	(0.77, 1.29)	0.989
離婚	1.34	(0.80, 2.23)	0.270	1.25	(0.75, 2.10)	0.394
死別	2.20	(0.49, 9.87)	0.302	2.09	(0.46, 9.48)	0.339
世帯年収（基準：1,000万円以上）						
300万円未満	1.00	(0.67, 1.51)	0.984	0.86	(0.57, 1.31)	0.494
300〜500万円未満	1.64**	(1.14, 2.37)	0.008	1.48*	(1.02, 2.15)	0.038
500〜700万円未満	1.66**	(1.16, 2.37)	0.006	1.54*	(1.07, 2.21)	0.021
700〜1,000万円未満	1.11	(0.80, 1.53)	0.539	1.06	(0.76, 1.48)	0.716
1,000万円以上	1.00			1.00		
世帯金融資産（基準：1,000万円以上）						
300万円未満	3.08**	(2.30, 4.13)	<0.001	2.83**	(2.10, 3.81)	<0.001
300〜500万円未満	1.96**	(1.40, 2.75)	<0.001	1.88**	(1.34, 2.65)	<0.001
500〜1,000万円未満	1.62**	(1.21, 2.17)	0.001	1.59**	(1.18, 2.14)	0.002
1,000万円以上	1.00			1.00		
学歴（基準：中学校・高校卒）						
中学校・高校卒	1.00			1.00		
専門学校・短大等卒	1.10	(0.82, 1.46)	0.530	1.12	(0.84, 1.50)	0.443
大学・大学院卒	0.98	(0.77, 1.26)	0.886	1.03	(0.80, 1.33)	0.795
雇用形態（基準：正社員）						
正社員	1.00			1.00		
非正規雇用	0.96	(0.70, 1.31)	0.800	0.98	(0.71, 1.33)	0.875
自営業・会社経営	0.65*	(0.46, 0.93)	0.018	0.65*	(0.46, 0.93)	0.020
無職	0.71*	(0.52, 0.96)	0.028	0.71*	(0.52, 0.97)	0.034
主観的健康観（基準：あまりよくない+よくない）						
よい+まあよい	0.68**	(0.53, 0.87)	0.002	0.70**	(0.55, 0.90)	0.006
あまりよくない+よくない	1.00			1.00		
老後の公的年金予想月額（基準：20万円以上）						
5万円未満	2.47**	(1.62, 3.75)	<0.001	2.48**	(1.62, 3.80)	<0.001
5〜10万円未満	2.44**	(1.65, 3.60)	<0.001	2.57**	(1.73, 3.81)	<0.001
10〜15万円未満	1.84**	(1.25, 2.73)	0.002	1.89**	(1.27, 2.82)	0.002
15〜20万円未満	1.42	(0.91, 2.22)	0.121	1.52	(0.97, 2.38)	0.069
20万円以上	1.00			1.00		
家計の支払超過（基準：支払い超過ではない）						
支払超過である				2.79**	(2.14, 3.62)	<0.001
支払い超過ではない				1.00		
定数項	1.40		0.279	1.08		0.814

**, *は，それぞれ1％，5％水準で有意。
（出所）　佐々木［2021a］。

図1-5　老後経済不安-老後の公的年金の予想年金月額による分類-

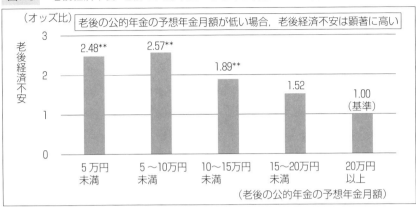

※人口統計学的要因（性別，年齢，婚姻状況），社会経済的要因（世帯年収，世帯金融資産，学歴，雇用形態），主観的健康観，家計の支出超過を調整したうえで，統計解析を行っている。
**，* は，それぞれ 1 ％，5 ％水準で有意。
（出所）　佐々木［2021a］。

図1-6　幸福度－老後の公的年金の予想年金月額による分類－

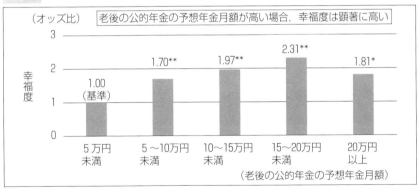

※人口統計学的要因（性別，年齢，婚姻状況），社会経済的要因（世帯年収，世帯金融資産，学歴，雇用形態），主観的健康観，老後経済不安を調整したうえで，統計解析を行っている。
**，* は，それぞれ 1 ％，5 ％水準で有意。
（出所）　佐々木［2021a］。

　老後経済不安は，低い幸福度と有意に関連している。老後経済不安が小さい場合を基準にすると，老後経済不安が大きい場合は，幸福度は顕著に低い（オッズ比0.62，95％信頼区間0.48-0.80）（図1-7，表1-3参照）。

表1-3　幸福度に関するロジット推定結果（N=3,000人，20〜59歳）

	モデル1			モデル2		
	オッズ比	95%信頼区間	有意確率	オッズ比	95%信頼区間	有意確率
性別（基準：女性）						
男性	0.56**	(0.46, 0.70)	<0.001	0.55**	(0.44, 0.68)	<0.001
女性	1.00			1.00		
年齢（基準：50〜59歳）						
20〜29歳	1.93**	(1.43, 2.61)	<0.001	1.91**	(1.41, 2.58)	<0.001
30〜39歳	1.46**	(1.12, 1.91)	0.005	1.47**	(1.12, 1.92)	0.005
40〜49歳	1.27	(0.99, 1.62)	0.056	1.28*	(1.00, 1.64)	0.049
50〜59歳	1.00			1.00		
婚姻状況（基準：既婚）						
既婚	1.00			1.00		
未婚	0.31**	(0.25, 0.39)	<0.001	0.31**	(0.25, 0.38)	<0.001
離婚	0.51**	(0.35, 0.74)	<0.001	0.52**	(0.35, 0.75)	<0.001
死別	0.22**	(0.08, 0.57)	0.002	0.22**	(0.08, 0.60)	0.003
世帯年収（基準：300万円未満）						
300万円未満	1.00			1.00		
300〜500万円未満	1.22	(0.94, 1.58)	0.140	1.25	(0.96, 1.62)	0.102
500〜700万円未満	1.34	(1.00, 1.81)	0.053	1.38*	(1.02, 1.86)	0.037
700〜1,000万円未満	1.87**	(1.34, 2.60)	<0.001	1.87**	(1.34, 2.61)	<0.001
1,000万円以上	2.02**	(1.33, 3.06)	0.001	1.99**	(1.31, 3.02)	0.001
世帯金融資産（基準：300万円未満）						
300万円未満	1.00			1.00		
300〜500万円未満	1.22	(0.93, 1.61)	0.154	1.20	(0.91, 1.58)	0.192
500〜1,000万円未満	1.03	(0.79, 1.35)	0.831	1.00	(0.76, 1.31)	0.998
1,000万円以上	1.19	(0.89, 1.57)	0.241	1.11	(0.83, 1.48)	0.484
学歴（基準：中学校・高校卒）						
中学校・高校卒	1.00			1.00		
専門学校・短大等卒	0.99	(0.78, 1.25)	0.906	0.99	(0.78, 1.26)	0.964
大学・大学院卒	0.98	(0.79, 1.23)	0.889	0.98	(0.79, 1.23)	0.887
雇用形態（基準：正社員）						
正社員	1.00			1.00		
非正規雇用	0.98	(0.76, 1.26)	0.872	0.98	(0.76, 1.26)	0.871
自営業・会社経営	1.08	(0.77, 1.52)	0.650	1.04	(0.74, 1.47)	0.813
無職	1.05	(0.80, 1.38)	0.713	1.03	(0.78, 1.36)	0.823
主観的健康観（基準：あまりよくない+よくない）						
よい+まあよい	4.76**	(3.94, 5.76)	<0.001	4.70**	(3.88, 5.69)	<0.001
あまりよくない+よくない	1.00			1.00		
老後の公的年金予想月額（基準：5万円未満）						
5万円未満	1.00			1.00		
5〜10万円未満	1.69**	(1.36, 2.10)	<0.001	1.70**	(1.36, 2.11)	<0.001
10〜15万円未満	1.99**	(1.51, 2.62)	<0.001	1.97**	(1.49, 2.60)	<0.001
15〜20万円未満	2.39**	(1.60, 3.57)	<0.001	2.31**	(1.55, 3.45)	<0.001
20万円以上	1.95**	(1.23, 3.08)	0.004	1.81⁺	(1.14, 2.87)	0.012
老後の経済不安（基準：小さい）						
大きい				0.62**	(0.48, 0.80)	<0.001
小さい				1.00		
定数項	0.57**		0.007	0.89		0.647

**, *は，それぞれ1％，5％水準で有意。
（出所）　佐々木［2021a］。

図1-7　幸福度－老後経済不安による分類－

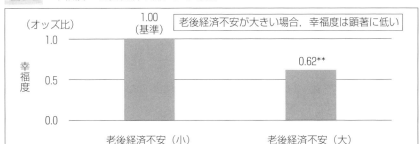

※人口統計学的要因（性別，年齢，婚姻状況），社会経済的要因（世帯年収，世帯金融資産，学歴，雇用形態），主観的健康観，老後の公的年金予想月額を調整したうえで，統計解析を行っている。
**は，1％水準で有意。
（出所）　佐々木［2021a］。

5　年金政策と幸福度・老後経済不安

5-1　老後の予想年金月額と幸福度・老後経済不安

　全国の20～59歳の男女3,000サンプルのWebアンケート調査データを用いた本章の分析結果から，老後の公的年金月額を低く予想している場合，老後経済不安が顕著に高いことが明らかになった。また，老後の公的年金月額を低く予想している場合，幸福度が顕著に低いことが明らかになった。

　少子高齢社会，長寿社会のわが国では，公的年金財政は厳しくなってきている。年金だけで生活できるか，何歳まで働き続ける必要があるか，老後の年金受給水準はどの程度減額されるか，年金を受け取れる年齢は65歳から何歳まで引き上げられるかなど，老後経済不安や幸福度低下になりやすい年金制度の環境になっていると考えられる。高い幸福度，老後の経済的安心につながる年金制度設計が重要である。

5-2　厚生年金の低年金の予防，厚生年金の免除・猶予制度の整備，所得再分配機能の強化

　今後の年金政策へのインプリケーションとしては，老後の公的年金月額を低

く予想することが老後経済不安，低い幸福度と関連することがみられたことから，老後の低年金予防，公的年金受給額を高める年金制度の構築が重要である。そのことは，高い幸福度につながりやすいと考えられる。

　年金政策として，具体的に，低年金を予防し，老後の公的年金受給額を高くする方法には，大きく２つがある。国民年金よりも平均年金額が大きい厚生年金の適用をいっそう拡大すること，年金受給額が1.42倍になる70歳への年金繰下げ受給の周知を高めて利用を促進することである。70歳まで年金受給を待てるように，働きやすい高齢就労環境を整備すること，健康寿命の延伸の健康政策も，低年金予防の年金政策としてあわせて重要である。

　厚生年金の適用拡大については，これまで民間企業の正社員や公務員が中心であった厚生年金を，より短時間で低所得のパート等にも，加入機会をいっそう拡大するものである。厚生年金の老後の年金受給額は，所得・賞与と年金保険料負担額が大きく，加入年数が長いほど，高くなる。そのため，厚生年金の適用のハードルを低くするほど，低所得のパートの加入者が増加し，所得・賞与と年金保険料負担額が小さいため，厚生年金の低年金化を招きやすいという新たな問題が生じる。

　厚生労働省［2019］「令和元年度厚生年金保険・国民年金事業年報　結果の概要」によると，受給権者を含む厚生年金の平均月額は約14万４千円であるが，男女差も大きい。厚生年金の平均月額は，男性は約16万５千円，女性は約10万３千円である。厚生年金の男女格差の主な理由は，女性は男性よりも就業率が低く，低所得の非正規雇用の割合が多いためである。厚生年金の適用ハードルを低くすることで，厚生年金でも老後の年金月額が７万円～８万円で，国民年金の約６万５千円とあまり変わらないケースも増え，厚生年金の低年金化が懸念される。

　多く負担するほど多く年金を受け取れる現行の年金制度について，低所得・低年金への所得再分配機能をどの程度高めるかは，今後の重要な検討課題である。また，国民年金では，経済的に困難な場合には免除・猶予制度があるが，厚生年金では，経済的事情による免除・猶予制度は十分に備わっていない。厚生年金の適用拡大で，より低所得のパート等のケースへ加入対象者が広がるため，厚生年金保険料の免除・猶予制度を整備することが重要となる。免除・猶予になった場合の年金減額をできるだけ小さくするような，所得再分配機能の強化も重要な検討課題である。

5-3　70歳1.42倍の年金繰下げ受給を利用しやすい仕組みづくり

　年金繰下げ受給の利用率は，わずか1％台である。利用率が低い理由として，70歳繰下げ受給で老後の年金が生涯1.42倍になる仕組みについて，周知度が低いことが考えられる。また，利用しにくい仕組みのため，利用率が低い水準にとどまっている可能性がある。老後生活資金不足や高齢就労機会が少ないことから，70歳まで年金を待つことが難しいケースも多いと考えられる。60歳や65歳などから年金受給を開始した場合でも，その後に健康状態や就労機会が好転した場合には数年間年金を停止して，再度，繰下げ受給に変更できる仕組みの整備が一案である。

　厚生労働省「令和元年度厚生年金保険・国民年金事業年報　結果の概要」によると，令和元年度末の国民年金（老齢基礎年金のみの受給権者ベース）では，主に60〜64歳から受給の繰上げ受給率は29.5％，主に65歳から受給の本来受給率は68.9％，主に66〜70歳から受給の繰下げ受給率は1.6％である。繰下げ受給は，老後の年金受給が生涯にわたり増額されるにもかかわらず，利用率はわずか1％台にとどまっている。

　現行の年金制度では，一度，年金受給年齢を決めると，基本的に，その後に，受給年齢や受給倍率を変更することはできない。60歳繰上げ受給を利用すると，老後の年金月額は，生涯，30％減額になる。年金減額をその後に後悔するケースもあると考えられる。

　高齢期は，寿命の不確実性だけではなく，健康寿命の不確実性も大きい。1度決めた年金受給開始年齢を，あとから変更できる仕組みの整備も重要である。例えば，60歳から30％減額の年金受給を開始したあとで，61歳から受給を停止し，66歳から再開し，66歳から，通常受給の1.0倍の年金受給を再開する選択肢などである。生涯の個人ごとの年金収支に顕著な差が生じず，年金数理面で大きな変更が生じない範囲で，選択肢を広げる年金政策である。

　高齢期は，定年退職等で就労収入の状況が大きく変わり，健康状態も不確実性が大きくなる。収入と支出の家計管理は，現役期と高齢期では変化することも多い。60歳や65歳の時点で，一度決めた年金受給年齢と年金受給増減率が生涯固定されることは，年金制度を利用しにくい側面がある。一度年金生活や老後生活を経験した後で，年金受給状況と年金受給増減率を，そのときどきの健康状態や就労可能性に応じて，柔軟に変更できる年金制度設計が重要と思われ

る。

5-4　健康寿命と70歳高齢就労・70歳年金繰下げ受給

　70歳年金繰下げ受給の利用が進みづらく，低年金予想から老後経済不安が高くなりやすい社会的背景として，健康寿命の不確実性の影響がある。70歳まで就労する意思がある場合でも，現役世代にとって，数十年先の景気状況・有効求人倍率の不確実性のほかに，健康寿命の不確実性による70歳高齢就労の見通しがつきにくいことの影響である。

　健康寿命を早くに失った場合には，60歳からでも65歳からと同じ老齢年金水準を受給できる仕組みを整備することで，老後の経済不安が軽減され，より安心して，70歳高齢就労を前提とした老後資金準備を現役世代が計画しやすいと考えられる。60歳になる前に早い年齢の段階で，健康寿命を失う確率はどの程度あるのか，どのくらいの追加的な年金予算が必要か，どのくらい老後経済不安の軽減効果を見込めるかなどが検討事項である。そのうえで，健康寿命を早くに失った場合には，繰上げ受給しても年金減額にならない年金制度を創設することで，70歳高齢就労を前提にしても経済不安の小さい老後資金計画を現役世代が立てやすい年金政策が重要と考えられる。

6　まとめ

　本章の分析結果から，老後の公的年金月額を低く予想することは老後経済不安と低い幸福度に顕著に影響していることが明らかになった。老後経済不安を軽減し，幸福度の高い健康長寿社会を構築するため，厚生年金の適用拡大などの老後年金額を高めること，厚生年金の低年金化の予防，厚生年金の免除・猶予制度の整備など，年金政策の拡充が重要である。

第**2**章

共済・保険と幸福度

1　共済・保険の加入は幸福度を高めるか

1-1　家計をとりまく様々なリスク

　家計は，生命・身体にかかわるリスクとして，死亡や病気，けが，障害，長生きなどのリスクに直面している。また，財産損害にかかわるリスクとしては，自動車事故や火災，地震，傷害，旅行中の事故，自転車事故，賠償責任など，多くのリスクに直面している。これらのリスクを処理する手段には，個人貯蓄，保険，共済，年金，家族内扶養，企業福祉，社会保障などがある。

　だが，昨今では，長引く景気低迷に伴う低収入の非正規雇用の増加，貯蓄の余裕の低下，未婚率の増加，少子化などに伴い，リスクの処理手段として企業福祉や個人貯蓄，家族内扶養などを当てにできない人々が増加してきている。

　こうしたなか，手ごろな掛け金負担で，リスク発生時には大きな保障を家計外部から調達することの必要性が高まってきている。この必要性を充足する代表的手段が，共済や保険である。

1-2　共済・保険による経済保障：小さい負担で大きい保障

　共済・保険は，小さい掛け金負担で事故発生時には大きな保障を得ることができることから，個人貯蓄や家族内扶養でのリスク処理が難しくなってきている多くの人々にとって，有力なリスク処理手段となるはずである。そして，共

済・保険によるリスク処理の確保は，経済的不安の低下，経済的安心の高まりにつながりやすいと考えられることから，幸福度や生活満足度の増大につながることも考えられる。

　だが，現実の社会に目を向けると，他の代替的なリスク処理手段を確保できていない状態において，共済・保険に加入していないケースも多く見受けられる。どのような人々がどのような動機から，共済・保険に加入したり，あるいは未加入になっているのであろうか。また，共済・保険でリスクへの対処能力を高めることは，幸福度や生活満足度とどのような関連があるのだろうか。

　本章では，家計にとって重要性の高い共済・保険種別の1つであり，近年加入率の低下傾向のみられる死亡保険・保障に着目し，以下の2つを明らかにすることを研究目的とする。第1は，共済・保険の加入決定要因を明らかにすることである。年齢・性別・収入・学歴・職業など，様々な要因を同時にコントロールしたうえで，共済・保険の加入決定要因を明らかにする研究の蓄積は，十分ではない。とりわけ，共済の加入決定要因にアプローチした先行研究は，非常に少ないのが実態である。第2は，共済・保険加入と幸福度との関連を明らかにすることである。

2　先行研究

2-1　共済・保険加入の影響要因

　わが国の共済・保険加入の実態については，生命保険領域は「生命保険に関する全国実態調査（生命保険文化センター）」，共済領域は，「日本の共済事業（日本共済協会）」が詳しい。

　「生命保険に関する全国実態調査（生命保険文化センター）」によると，生命保険（個人年金保険を含む）の世帯加入率は，平成27年について，民間生命保険会社（民保）の場合では78.6%，簡保・JA・県民共済・生協等を含めた全生保の場合では89.2%である。民保，全生保とも，過去30年をみると，世帯加入率は，それぞれ平成6年の82.5%，95.0%をピークにしてその後は減少・横ばい傾向にある。しかし，現在もなお，多くの家計がリスクへの備えとして生命保険に加入している。

　また，同調査では，直近加入契約（民保）の情報入手経路や加入チャネルに

ついても調査している。直近加入契約（民保）の情報入手経路は，複数回答形式であり，「生命保険会社の営業職員」は48.9％，「保険代理店」は12.9％，「家族・親類」は11.5％，「友人・知人」は10.9％，「テレビ・新聞・雑誌・書籍」は5.3％である。保険は，仕組みや契約内容がわかりにくい商品であり，対面や身近な人々からの情報を重視している傾向が見える。直近加入契約（民保）の加入チャネルは，平成27年調査では，「生命保険会社の営業職員」は59.4％，「通信販売」は5.6％，「銀行・証券会社の窓口等」は5.5％，「保険代理店の窓口や営業職員」は13.7％などとなっている。平成21年調査では，「生命保険会社の営業職員」は71.8％，「通信販売」は5.7％，「銀行・証券会社の窓口等」は1.7％，「保険代理店の窓口や営業職員」は6.7％である。加入チャネルについては，「生命保険会社の営業職員」が減少し，「銀行・証券会社の窓口等」や「保険代理店の窓口や営業職員」が増大してきている。

　また，リスクへの備えについては，民間保険会社の保険とともに，共済が果たす役割は非常に大きい。「日本の共済事業」（日本共済協会）によると，「共済は，私たちの生活を脅かす様々な危険（死亡や入院，住宅災害，交通事故など）に対して，組合員があらかじめ一定の掛金を拠出して共同の財産を準備し，不測の事故等が生じた場合に共済金を支払うことによって，組合員や家族に生じる経済的な損失を補い，生活の安定をはかる助け合い（相互扶助）のしくみ」である。

　わが国には，全労済，JA共済（農協），県民共済（都・府・道民共済），CO・OP共済をはじめ，多くの共済が，リスク保障を行っている。生命共済は人の生命・身体に関する死亡，後遺障害，病気，けが，介護等に関する保障，年金共済は老後生活保障，自動車共済は自動車事故にかかわる保障，火災共済は建物・家財等にかかわる保障，傷害共済は諸事故にかかわる死亡・けがの保障を行っている。共済は，生命・身体と財産に関する幅広い保障をカバーしている。「日本の共済事業（日本共済協会）」によると，平成26年度の共済事業は，会員数は6,482団体，組合員数は7,558万人，契約件数は1億5,428万件，共済金額は1,061兆1,738億円，受入共済金額は7兆8,067億円，支払共済金は4兆5,656億円，総資産は62兆518億円である。

　次に，学術的研究として，リスクへの備えである死亡保障に関する共済・保険加入に影響する要因については，Millo and Carmeci［2015］やShi et al.［2015］など，これまでの先行研究を参考にすると，第1に，人口統計学的要

因である年齢や婚姻状況，子供の人数などの点に着目した研究がある。死亡保険は，遺族に対する経済保障の機能をもち，扶養家族が存在する人々，結婚している人々，若い子供がいる人々ほど，加入傾向が顕著に高いことが示されている。第2に，社会経済的要因である年収，資産，学歴と死亡保険加入に関する先行研究である。社会経済的要因についても，死亡保険がもつ経済保障機能や，保険料の支払い能力との関係から，高収入，高資産保有，教育年数の高い人々ほど，高い加入傾向があることが明らかになっている。第3に，健康状態であり，健康状態が悪い人々ほど，死亡保障ニーズの高さのために，加入率が高いことが示唆されている。

2-2　共済・保険加入と幸福度の関係

　また，幸福度に影響する要因の先行研究についても，人口統計学的要因，社会経済的要因，健康要因などからアプローチした先行研究が蓄積されてきている（わが国では大竹・白石・筒井［2010］，楠見［2012］，Oshio and Urakawa［2014］など。海外では，Ergin and Mandiracioglu［2015］，Manning et al［2016］，Cordero et al［2017］など）。人口統計学的要因については，男性よりも女性，結婚している人々などの幸福度が高いことが明らかになっている。社会経済的要因については，高収入，高資産，長い教育年数の場合ほど，幸福度が高い傾向がある。さらに，健康状態がよい人々ほど幸福度は高いことも示されている。

　わが国の共済・保険加入をめぐっては，単純集計やクロス集計による調査やその結果を示した調査・分析は比較的蓄積されてきている。しかし，人口統計学的要因，社会経済的要因，健康要因等を同時にコントロールした加入行動の分析は，少ないのが実態である。また，民間の共済・保険加入が幸福度に及ぼす影響を分析した研究は，蓄積が非常に少ない。そこで，本章では，様々な要因を同時に考慮したうえで，死亡保障にかかわる共済・保険の加入に影響する要因を明らかにする。さらに，共済・保険への加入が幸福度に及ぼす影響についても分析する。

3　デ　ー　タ

　以下，本章の分析で用いるデータは，筆者が独自に収集したWeb調査デー
タである。調査は，2016年12月に実施した。調査票は筆者が作成し，調査実施
については外部の調査会社に委託した。アンケート対象者の年齢は，20歳〜69
歳である。収集したデータは，北海道〜九州・沖縄までの3,000サンプルである。
Webアンケート調査データのサンプルの代表性をより高めるため，本研究では，
調査対象を日本全国に拡張し，サンプル数も3,000を収集するなどの工夫を行っ
た。

　表2-1は，本章の分析で用いるデータの記述統計量である。男女はそれぞれ，
50.0％，50.0％である。婚姻状況は，既婚は61.9％，未婚は38.1％である。世帯
人数は，1人，2人，3人，4人，5人，6人以上について，それぞれ，
17.5％，28.2％，26.4％，19.6％，5.7％，2.5％である。世帯年収は，0円は0.6％，
1円〜300万円未満は16.7％，300〜500万円未満は25.8％，500〜700万円未満は
18.9％，700〜1,000万円未満は14.3％，1,000万円以上は9.0％，わからない・答
えたくないは14.7％である。学歴は，中学校卒は2.1％，高校卒は28.6％，短
大・高専・専修・専門学校卒は25.5％，大学卒は39.7％，大学院卒は4.1％であ
る。

　雇用形態は，正社員は39.2％，非正規雇用は25.0％，会社経営・自営業は7.9％，
無職は28.0％である。共済・保険選択について一番よく参考にする情報源は，
テレビCMは12.8％，コンビニ等でのパンフレットは6.1％，保険会社等の営業
職員の対面説明は33.8％，保険ショップは10.8％，友人・知人の意見は17.1％，
インターネットのクチコミは16.1％，その他は3.3％である。死亡保障について，
民間保険と共済の両方に加入しているのは5.4％，民間保険のみに加入してい
るのは40.1％，共済のみに加入しているのは10.1％，民間保険と共済のいずれ
も加入していないのは44.5％である。幸福度については，現在の主観的な幸福
感をたずねており，非常に幸せは18.5％，やや幸せは59.8％，あまり幸せでは
ないは16.5％，まったく幸せではないは5.2％である。

表2-1　記述統計量（N=3,000人）

	N	%		N	%
性別			学歴		
男性	1,500	50.0	中学校卒	62	2.1
女性	1,500	50.0	高校卒	858	28.6
年齢			短大・高専・専修・専門学校卒	765	25.5
20〜29歳	600	20.0	大学卒	1,191	39.7
30〜39歳	600	20.0	大学院卒	124	4.1
40〜49歳	600	20.0	雇用形態		
50〜59歳	600	20.0	正社員	1,175	39.2
60〜69歳	600	20.0	非正規雇用	749	25.0
婚姻状況			会社経営・自営業	237	7.9
既婚	1,856	61.9	無職	839	28.0
未婚	1,144	38.1	共済・保険選択の情報源		
子供			テレビCM	383	12.8
いる	1,686	56.2	コンビニ等でのパンフレット	183	6.1
いない	1,314	43.8	保険会社等の営業職員の対面説明	1,015	33.8
世帯人数			保険ショップ	324	10.8
1人	525	17.5	友人知人の意見	513	17.1
2人	846	28.2	インターネットのクチコミ	484	16.1
3人	793	26.4	その他	98	3.3
4人	589	19.6	健康状態		
5人	172	5.7	よい	831	27.7
6人以上	75	2.5	まあよい	1,735	57.8
世帯年収			あまりよくない	351	11.7
0円	19	0.6	よくない	83	2.8
300万円未満	502	16.7	幸福度		
300〜500万円未満	773	25.8	非常に幸せ	554	18.5
500〜700万円未満	566	18.9	やや幸せ	1,793	59.8
700〜1,000万円未満	428	14.3	あまり幸せではない	496	16.5
1,000万円以上	271	9.0	まったく幸せではない	157	5.2
わからない・答えたくない	441	14.7	民間死亡保険		
世帯金融資産			加入している	1,363	45.4
0円	124	4.1	加入していない	1,637	54.6
300万円未満	714	23.8	共済死亡保障		
300〜500万円未満	335	11.2	加入している	463	15.4
500〜1,000万円未満	368	12.3	加入していない	2,537	84.6
1,000〜2,000万円未満	208	6.9	4区分		
2,000万円以上	305	10.2	民間保険と共済の両方に加入	161	5.4
わからない・答えたくない	946	31.5	民間保険のみ加入	1,202	40.1
			共済のみ加入	302	10.1
			両方とも未加入	1,335	44.5

（出所）　佐々木［2017a］。

4　共済・保険の加入決定に影響する要因の分析

4-1　記述統計量

　まず，表2-2より，主な変数と共済・保険の加入率について，クロス的に考察する。年齢別にみると，民間死亡保険の加入率については，20〜29歳は29.2％，30〜39歳は46.7％，40〜49歳は50.5％，50〜59歳は52.0％，60〜69歳は48.8％である。共済の加入率については，それぞれ，11.2％，13.7％，17.3％，16.8％，18.2％である。民間保険と共済の両方について，20代の加入率が低く，年代が上がると，加入率は高い傾向がある。

　世帯年収別にみると，民間死亡保険の加入率については，無収入は21.1％，300万円未満は29.5％，300〜500万円未満は43.3％，500〜700万円未満は50.9％，700〜1,000万円未満は63.3％，1,000万円以上は60.9％である。共済の加入率については，それぞれ，10.5％，13.3％，15.8％，15.4％，16.1％，20.7％である。民間保険と共済の両方について，おおむね，世帯年収が高いほど，加入率は高い傾向がある。学歴別にみると，民間死亡保険の加入率については，中学校卒は19.4％，高校卒は43.0％，短大・高専・専修・専門学校卒は44.2％，大学卒は47.6％，大学院卒は62.1％である。共済の加入率については，それぞれ，11.3％，16.8％，14.0％，16.0％，11.3％である。民間保険の場合は学歴が高いほど加入率は高い傾向があるが，共済の場合は一貫した傾向がみられにくい。雇用形態別にみると，民間保険と共済の両方について，正社員の場合は加入率が高く，非正規雇用のケースで加入率が低い傾向がある。共済・保険選択の情報源別でみると，民間保険については，「保険会社等の営業職員の対面説明」や「保険ショップ」など，対面を伴うチャネルのケースで加入率が高い傾向がある。共済については，「コンビニ等でのパンフレット」を情報源とする場合において，加入率が高い傾向がある。

表2-2 各変数と共済・民間死亡保障の加入率

	民間死亡保険の加入率	共済死亡保障の加入率
性別		
男性	49.1	16.0
女性	41.7	14.9
年齢		
20～29歳	29.2	11.2
30～39歳	46.7	13.7
40～49歳	50.5	17.3
50～59歳	52.0	16.8
60～69歳	48.8	18.2
婚姻状況		
既婚	55.0	17.7
未婚	30.0	11.7
世帯年収		
0円	21.1	10.5
300万円未満	29.5	13.3
300～500万円未満	43.3	15.8
500～700万円未満	50.9	15.4
700～1,000万円未満	63.3	16.1
1,000万円以上	60.9	20.7
学歴		
中学校卒	19.4	11.3
高校卒	43.0	16.8
短大・高専・専修・専門学校卒	44.2	14.0
大学卒	47.6	16.0
大学院卒	62.1	11.3
雇用形態		
正社員	53.0	17.4
非正規雇用	37.1	14.8
会社経営・自営業	39.7	14.3
無職	43.9	13.6
共済・保険選択の情報源		
テレビCM	32.9	12.0
コンビニ等でのパンフレット	32.2	27.3
保険会社等の営業職員の対面説明	58.3	15.8
保険ショップ	49.4	12.0
友人知人の意見	42.5	14.0
インターネットのクチコミ	34.1	14.5
その他	43.9	26.5

(出所) 佐々木 [2017a]。

4-2　推定結果：共済・保険の加入率は若年層は低く，正社員は高い

　クロス表分析からは，民間保険と共済の加入率は，若年層，未婚者，低年収，低学歴，非正規雇用のケースで低い傾向があることが示唆された。また，共済・保険選択の情報源の違いによって，加入率に差がみられる傾向があることが示された。

　以下では，さまざまな変数を同時に考慮したうえで，共済・保険の加入に影響する要因を明らかにするため，ロジットモデルによる分析を行う。ロジットモデルは，保険に加入するかしないか，自動車を購入するかしないかなど，2者択一の選択行動・意思決定について，どのような要因が説明変数として影響しているのかを説明づけるモデルである。本章で用いるロジットモデルは，以下の通りである。

$$y* = \beta_0 + \Sigma_{i=1}^{40} \beta_i \cdot X_i + u$$
$$y = 1 \quad y* > 0 \text{の場合}$$
$$y = 0 \quad y* \leqq 0 \text{の場合}$$

ただし，yは民間死亡保険または共済死亡保障の加入状況（加入は1，未加入は0のダミー変数），uは誤差項，$X_1 \sim X_{40}$は説明変数，β_0は定数項，$\beta_1 \sim \beta_{40}$は説明変数$X_1 \sim X_{40}$の係数である。

　説明変数として用いたのは，人口統計学的要因については，性別，年齢，婚姻状況，子供，世帯人数である。年齢は，20〜29歳，30〜39歳，40〜49歳，50〜59歳，60〜69歳の10歳間隔として分類した。婚姻状況は，既婚か既婚でないかで分類している。子供は，いるかいないかで分類している。世帯人数は，単身，2人，3人，4人，5人，6人以上で区分している。

　社会経済的要因については，世帯年収，世帯金融資産，学歴，雇用形態である。世帯年収は，無収入，300万円未満，300〜500万円未満，500〜700万円未満，700〜1,000万円未満，1,000万円以上，わからない・答えたくないで分類している。世帯金融資産は，0円，300万円未満，300〜500万円未満，500〜1,000万円未満，1,000〜2,000万円未満，2,000万円以上，わからない・答えたくないで分類している。学歴は，中学校卒，高校卒，短大・高専・専修・専門学校卒，大学卒，大学院卒で区分している。雇用形態は，正社員，非正規雇用，会社経営・自営業，無職で分類している。

表2-3　共済・保険加入に関するロジット推定結果（N=3,000人）

	モデル1 民間死亡保険		モデル2 共済死亡保障	
	オッズ比	95%信頼区間	オッズ比	95%信頼区間
性別（基準：女性）				
男性	1.36**	1.12-1.66	0.94	0.73-1.21
女性	1.00		1.00	
年齢（基準：60～69歳）				
20～29歳	0.55**	0.39-0.76	0.57*	0.37-0.88
30～39歳	0.92	0.68-1.24	0.65*	0.44-0.97
40～49歳	1.14	0.85-1.53	0.85	0.59-1.23
50～59歳	1.08	0.82-1.41	0.83	0.59-1.17
60～69歳	1.00		1.00	
婚姻状況（基準：未婚）				
既婚	1.60**	1.26-2.04	1.12	0.81-1.55
未婚	1.00		1.00	
子供（基準：いない）				
いる	1.49**	1.17-1.90	1.42*	1.03-1.97
いない	1.00		1.00	
世帯人数（基準：1人）				
1人	1.00		1.00	
2人	1.34	1.00-1.80	1.14	0.77-1.69
3人	1.31	0.97-1.76	1.20	0.80-1.80
4人	1.43*	1.03-1.98	1.41	0.91-2.17
5人	2.09**	1.36-3.23	1.51	0.88-2.59
6人以上	1.29	0.72-2.29	2.87**	1.50-5.51
世帯年収（基準：0円）				
0円	1.00		1.00	
300万円未満	1.57	0.46-5.31	0.90	0.19-4.18
300～500万円未満	1.97	0.59-6.63	1.03	0.22-4.77
500～700万円未満	2.09	0.62-7.08	0.86	0.18-4.02
700～1,000万円未満	3.09	0.91-10.55	0.82	0.17-3.87
1,000万円以上	2.30	0.67-7.98	1.09	0.23-5.21
わからない・答えたくない	1.38	0.40-4.75	1.02	0.21-4.86
世帯金融資産（基準：0円）				
0円	1.00		1.00	
300万円未満	1.24	0.79-1.94	1.47	0.79-2.76
300～500万円未満	1.63*	1.00-2.64	1.16	0.59-2.28
500～1,000万円未満	1.58	0.98-2.56	1.52	0.78-2.95
1,000～2,000万円未満	1.86*	1.10-3.13	1.46	0.72-2.97
2,000万円以上	1.80*	1.09-2.97	1.38	0.69-2.74
わからない・答えたくない	1.34	0.85-2.13	1.07	0.56-2.06
学歴（基準：中学校卒）				
中学校卒	1.00		1.00	
高校卒	2.83**	1.40-5.69	1.70	0.73-3.93
短大・高専・専修・専門学校卒	2.87**	1.42-5.78	1.31	0.56-3.06
大学卒	2.71**	1.35-5.45	1.47	0.63-3.40
大学院卒	4.66**	2.09-10.38	0.87	0.31-2.39
雇用形態（基準：非正規雇用）				
正社員	1.63**	1.29-2.07	1.40*	1.03-1.89
会社経営・自営業	0.84	0.60-1.17	0.99	0.63-1.53
無職	1.09	0.87-1.37	0.82	0.61-1.11
非正規雇用	1.00		1.00	
共済・保険選択の情報源（基準：その他）				
テレビCM	0.76	0.46-1.24	0.39**	0.22-0.68
コンビニ等でのパンフレット	0.62	0.36-1.07	1.04	0.59-1.85
保険会社等の営業職員の対面説明	1.88**	1.19-2.96	0.46**	0.28-0.76
保険ショップ	1.35	0.82-2.21	0.35**	0.20-0.62
友人知人の意見	1.17	0.72-1.88	0.47**	0.27-0.80
インターネットのクチコミ	0.71	0.44-1.15	0.48**	0.28-0.83
その他	1.00		1.00	
健康状態（基準：よい）				
よい	1.00		1.00	
まあよい	0.88	0.73-1.06	0.80	0.63-1.00
あまりよくない	0.87	0.65-1.16	0.85	0.59-1.23
よくない	0.54*	0.31-0.94	0.39*	0.16-0.93
定数	0.03**		0.18	

**，*は，それぞれ1％，5％水準で有意。
（出所）　佐々木［2017a］。

　共済・保険選択の情報源の違いは，テレビCM，コンビニ等でのパンフレット，保険会社等の営業職員の対面説明，保険ショップ，共済・保険選択の情報源の違い，友人知人の意見，インターネットのクチコミ，その他で区分している。

　健康状態については，よい，まあよい，あまりよくない，よくないの4つに分類している。

　表2-3は，民間死亡保険と共済死亡保障の加入に関するロジット推定結果である。オッズ比が1よりも大きい場合，当該説明変数は，加入率を高める要因である。また，オッズが1よりも小さい場合，当該説明変数は，加入率を低くする要因である。

　まず，モデル1の民間死亡保険の加入に関するロジスティック回帰分析の結果から，男性，既婚，子供がいること，正社員，大学卒，大学院卒等の場合，民間死亡保険の加入率は顕著に高いことが示された。20〜29歳の若年世代の加入率は低い。また，共済・保険選択の情報源は，その他を基準にすると，保険会社等の営業職員の対面説明の場合，加入率は有意に高い。

　次に，モデル2の共済死亡保障の加入に関するロジスティック回帰分析の結果から，子供がいること，正社員の場合，共済加入率は有意に高いことが示された。20〜30代の加入率は低い。また，共済・保険選択の情報源は，その他を基準にすると，テレビCMやインターネットのクチコミの場合などで，加入率は低い傾向がある。

　以上をまとめると，民間死亡保険加入と共済死亡保障加入で共通にみられる傾向は，20代の若年世代で加入率は低いこと，正社員で加入率が高いことなどである。相違点は，共済・保険選択の情報源であり，保険会社等の営業職員の対面説明を情報源とする場合は，民間死亡保険の加入率は顕著に高く，テレビCMやインターネットのクチコミを情報源とする場合は，共済死亡保障の加入率は顕著に低いことが示された。

5 共済・保険と幸福度

5-1 記述統計量

先行研究から，高い経済力をもつほど幸福度が高く，経済面で困窮すると幸福度が低いことが明らかにされている。そのため，リスク発生による経済面での損失は，経済的打撃の点から，幸福度を大きく引き下げる可能性がある。

共済・保険は，大きなリスクが顕在化したとしても，共済金・保険金の給付を通じて，家計の経済的困窮を大きく緩和する効果をもつ。また，そのときどきで実際に大きなリスクが顕在化していないとしても，共済・保険による経済面での安全・安心は，幸福度に対してプラス効果をもつことが予想される。だが，先行研究では，民間の共済・保険への加入が幸福度に対してどのような効果を及ぼしているかにアプローチした研究は，非常に少ない。そこで，本章では，民間の共済・保険加入と幸福度との関連を分析する。

以下，本章では，共済と保険を識別することで，4つのケースに分類して分析を行う点に特徴がある。共済と保険の両方に加入しているケース，保険のみに加入するケース，共済のみに加入するケース，共済と保険の両方ともに未加入のケースである。

共済・保険加入と幸福度との関係を表2-4よりクロス的にみると，共済と保険の両方に加入しているケースの場合は，非常に幸せ，やや幸せ，あまり幸せではない，まったく幸せではない割合は，それぞれ，27.3％，57.8％，13.0％，1.9％である。保険のみに加入するケースについては，それぞれ，18.8％，65.0％，12.9％，3.3％である。共済のみに加入するケースについては，それぞれ，19.5％，60.9％，17.5％，2.0％である。共済と保険の両方ともに未加入のケースについては，それぞれ，16.9％，55.1％，20.0％，8.1％である。

5-2 推定結果：共済・保険への加入は幸福度が高い傾向がある

幸福度についても，さまざまな変数を同時にコントロールしたうえで，その影響要因を明らかにするため，ロジットモデルによる分析を行う。被説明変数は，幸福度（非常に幸せまたはやや幸せは1，あまり幸せではないまたはまったく幸せではないは0のダミー変数）である。説明変数は，性別，年齢，婚姻

表2-4　共済・保険加入（死亡保障）と幸福度のクロス集計

	保険も共済も両方加入	保険のみ加入	共済のみ加入	両方未加入
非常に幸せ	27.3%	18.8%	19.5%	16.9%
やや幸せ	57.8%	65.0%	60.9%	55.1%
あまり幸せではない	13.0%	12.9%	17.5%	20.0%
まったく幸せではない	1.9%	3.3%	2.0%	8.1%

（出所）　佐々木［2017a］。

状況，子供，世帯人数，世帯年収，世帯金融資産，学歴，雇用形態，健康状態，民間保険と共済の加入状況である。説明変数のうち，「民間保険と共済の加入状況」以外の説明変数は，民間死亡保険・共済死亡保障の加入に関するロジットモデルの説明変数の分類と同様である。説明変数の「民間保険と共済の加入状況」は，民間保険と共済の両方に加入，民間保険のみ加入，共済のみ加入，両方未加入の4つに分類している。

　表2-5は，幸福度に関するロジット推定結果である。ここで，幸福度は，アンケート調査での現在の主観的な幸福について，非常に幸せまたはやや幸せの場合は幸福度が高いケース，あまり幸せではないまたはまったく幸せではない場合は幸福度が低いケースに分類している。オッズ比が1よりも大きい場合，当該説明変数は，幸福度を高める要因である。また，オッズ比が1を下回る場合，当該説明変数は，幸福度を低くする要因である。

　性別については，女性を基準にすると，男性のほうが幸福度は低い。年齢については，60〜69歳を基準にすると，40〜49歳，50〜59歳の世代の幸福度は低い。世帯金融資産は，保有する金融資産が大きい場合，幸福度は高い。教育については，大学卒，大学院卒等の場合，幸福度は高い関連がある。

　民間死亡保障の共済・保険加入については，共済・民間保険の両方に未加入のケースを基準にすると，民間保険のみ加入の場合，幸福度は有意に高い。民間保険と共済の両方に加入，または共済のみ加入の場合，統計的に有意ではないものの，幸福度は高い傾向がある（図2-1参照）。

表2-5 幸福度に関するロジット推定結果（共済・保険加入と幸福度との関連）（N=3,000人）

	オッズ比	95%信頼区間
性別（基準：女性）		
男性	0.52**	0.41-0.66
女性	1.00	
年齢（基準：60-69歳）		
20～29歳	0.85	0.56-1.29
30～39歳	0.87	0.58-1.30
40～49歳	0.63*	0.43-0.92
50～59歳	0.55**	0.39-0.79
60～69歳	1.00	
婚姻状況（基準：未婚）		
既婚	2.49**	1.84-3.37
未婚	1.00	
子供（基準：いない）		
いる	1.27	0.93-1.73
いない	1.00	
世帯人数（基準：1人）		
1人	1.00	
2人	1.29	0.93-1.80
3人	0.95	0.68-1.33
4人	1.20	0.82-1.75
5人	1.07	0.63-1.82
6人以上	0.56	0.29-1.10
世帯年収（基準：0円）		
0円	1.00	
300万円未満	0.67	0.22-2.03
300～500万円未満	0.69	0.22-2.10
500～700万円未満	0.78	0.25-2.44
700～1,000万円未満	0.89	0.28-2.82
1,000万円以上	1.12	0.34-3.68
わからない・答えたくない	1.13	0.36-3.58
世帯金融資産（基準：0円）		
0円	1.00	
300万円未満	1.92**	1.19-3.08
300～500万円未満	1.92*	1.13-3.24
500～1000万円未満	2.30**	1.35-3.91
1,000～2,000万円未満	2.57**	1.38-4.77
2,000万円以上	2.69**	1.48-4.87
わからない・答えたくない	2.04**	1.24-3.34
学歴（基準：中学校卒）		
中学校卒	1.00	
高校卒	2.06*	1.07-3.95
短大・高専・専修・専門学校卒	2.05*	1.06-3.98
大学卒	2.37**	1.24-4.56
大学院卒	3.16**	1.37-7.32
雇用形態（基準：非正規雇用）		
正社員	1.13	0.85-1.50
会社経営・自営業	1.27	0.84-1.91
無職	1.19	0.88-1.61
非正規雇用	1.00	
健康状態（基準：よい）		
よい	1.00	
まあよい	0.52**	0.40-0.69
あまりよくない	0.08**	0.06-0.12
よくない	0.07**	0.04-0.11
民間保険と共済の加入状況（基準：両方未加入）		
民間保険と共済の両方に加入	1.38	0.82-2.31
民間保険のみ加入	1.36*	1.07-1.73
共済のみ加入	1.21	0.84-1.74
両方未加入	1.00	
定数	1.85	

**，*は，それぞれ1％，5％水準で有意。
（出所）佐々木［2017a］。

図2-1　共済・民間保険加入と幸福度

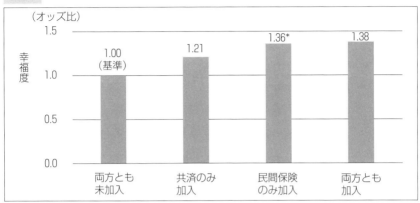

※ 人口統計学的要因（性別，年齢，婚姻状況），社会経済的要因（世帯年収，世帯金融資産，教育，雇用形態），健康状態を調整したうえで，ロジット分析を行った。*は，5 ％水準で統計的に有意な関連があったことを示している。

（出所）　筆者実施の2016年Webアンケート調査結果より作成。

6　ま　と　め

　長引く経済不況や経済格差，雇用不安，家族内扶養低下，ライフスタイルの変化など，社会経済環境の大きな変化のもとで，家計は，さまざまなリスクに直面している。それらのリスクを処理する手段として，共済や保険は大きな役割を果たしている。

　本章では，まず第1に，独自に収集したアンケート調査データとして3,000サンプルを用いて，死亡保障に関する共済と民間保険の加入決定要因について分析した。ロジットモデルによる分析の結果，民間死亡保険と共済死亡保障で共通にみられる影響要因としては，20代の若年世代で加入率は低いこと，正社員で加入率が高いことなどが示唆された。いっぽう，相違点としては，共済・保険選択の情報源であり，保険会社等の営業職員の対面説明を情報源とする場合は，民間死亡保険の加入率は顕著に高く，テレビCMやインターネットのクチコミを情報源とする場合は，共済死亡保障加入率は顕著に低いことが示された。なお，共済は農業協同組合運動・労働組合運動・購買生協運動等と連携した推進がなされており，この観点から共済・保険の加入決定要因の相違の分析

が今後の課題の1つとしてあげられる。第2に，民間の共済や保険に加入することで，共済・保険に未加入のケースと比較すると，幸福度が高い傾向があることが示唆された。

　今後の研究課題としては，3つある。第1は，共済・保険選択の参考とする情報源について，そもそもなぜ，共済と保険で異なるのか，その違いが生じる理由やプロセスを解明し，家計に共済や保険を提供する際の最適な販売チャネル構築について分析することである。

　第2は，アンケート回答者が共済と保険の違いをどの程度認識しているのかを踏まえたデータの収集・分析を行うことである。

　第3は，共済・保険に加入することによる安心感や加入者相互の支え合い・連帯感の大きさが，加入者の満足度や幸福度に対してどのように影響を及ぼしているのかを分析することである。さらに，プールされた共済掛金や保険料が，自分自身や他の加入者にリスク顕在時にどのようにリスク保障され役立てられていくのかをふだんに実感することと，満足度・幸福度との関連について分析することである。

第3章

奨学金と幸福度

1 奨学金は幸福度にどのように影響しているのか

　現在，日本では，高校卒業者の約 5 割が大学に進学し，大学進学者のうち半数以上が奨学金制度を利用している（文部科学省 [2016]，全国大学生活協同組合連合会 [2016]）。奨学金を借りる大学生は増加し，低収入等を理由に大学卒業後に奨学金を返済できない若者も増加してきている。平成27年度末で日本学生支援機構の奨学金を返済する必要がある者は約381万人， 3 か月以上の滞納者は約16万人である。正規雇用の割合は，奨学金滞納者は40.6％に対し，非滞納者は69.0％，年収300万円未満の割合は，奨学金滞納者は77.0％に対し，非滞納者は55.9％である（日本学生支援機構 [2015] [2013]）。奨学金滞納者は，収入や雇用の面で厳しい状況におかれている。

　アカデミックの世界では，小林 [2012] や島 [2011] などの代表的な研究をはじめ，進学格差や教育機会不平等などの視点から奨学金問題に多くの焦点が当てられている。しかし，医学・健康格差や幸福度などの視点から，奨学金が個人の心身の健康面や幸福度にどのような影響を及ぼしているのかについては，定量的分析は少ない。

　奨学金の借入は，進学機会・教育や生涯収入増加等を通じて健康・幸福度を高める側面と，借入・負債が心理的経済的負担等を通じて健康・幸福度を低くする側面の両面が考えられ，正味の効果はデータから定量的に分析する必要がある。

表3-1　本章の主な分析結果，インプリケーション

1	金額面でみた奨学金借入額の大小は，幸福度には影響していない。 （借入額の大小ではなく，返済余力の大小が幸福度を左右する可能性）
2	心理面でみた奨学金返済負担感は，低い幸福度と顕著に関連している。
3	奨学金返済の負担感を特に重いと感じる割合は，20代・30代の世代，離婚・死別，世帯年収300万円未満の場合，顕著に高い。
4	在学時に奨学金を勉学・部活・就活で有効活用できた場合，統計的に有意ではないものの，幸福度は高い傾向がある。
5	幸福度を高める上で，在学時に奨学金をどう有効活用するかが重要と思われる。また，返済負担感は低い幸福度と顕著な関連がみられたため，幸福度向上の点から，返済力の低い個人については，返済免除・軽減や猶予制度の拡充等がいっそう重要であることが示唆される。

（出所）　佐々木［2018a］。

　特に，医学的な視点からは，健康格差に関する代表的な先行研究である近藤［2017］，近藤［2016］などより，低収入や負債・借入は心身の健康に負の影響を及ぼすことが指摘されており，奨学金により多額の教育借入を負うことが，個人の精神的ストレス，心身の健康面に影響を及ぼすことが考えられる。幸福度や抑うつなどの心理的健康は，その後の重い身体的疾病や要介護・5年生存率等のハードな健康アウトカムに顕著に影響することが知られており，健康指標の1つとしても重要である（Lawrence et al.［2015］，Sun et al.［2016］）。

　奨学金利用者数の増加，奨学金利用は経済面だけではなく健康格差にも影響することを示唆する先行研究などを踏まえると，奨学金が幸福度や心理的健康にどう影響するかを定量的に分析することは，重要な研究課題の1つであると考えられる（表3-1参照）。

2　奨学金と幸福度に関する先行研究

2-1　学生ローン・負債と幸福度・健康行動

　幸福度に影響する要因としては，経済学や社会疫学の研究から，社会経済的要因の影響に焦点を当てた研究が多く蓄積されている。高収入であることは，高い幸福度と密接に関係していることが明らかになっている（Kye and Park［2014］，Oshio and Urakawa［2014］，Blanchflower and Oswald［2004］）。

Kye and Park［2014］は，韓国の30〜69歳を対象とした調査データを用いた分析で，年間所得が6万ドル以上の高所得者は，年間所得が2万4千ドル未満の低所得者よりも，幸福度が高くなる確率が2.31倍であることを定量的に示している。また，Sun et al.［2016］やZhou et al.［2015］などの研究から，教育年数が長いことは，高い幸福度と顕著に関連することが示されている。さらに，婚姻状況は，幸福度と有意に関連することが明らかになっている（Ergin and Mandiracioglu［2015］, Sun et al.［2016］）。Ergin and Mandiracioglu［2015］は，幸福でない確率は，既婚者と比べて，離別・別居の場合は，8.4倍高いことを示している。

　一方，借入や奨学金などの負債は，それ自体，社会経済的要因の一種である。しかし，社会経済的要因のうち収入や教育等と幸福度との関連は多くの焦点が当てられてきたが，負債と幸福・抑うつ等の心理的要因との関連については，相対的にみて研究の蓄積が少ないことが指摘されている。

　負債と幸福度の関連についての先行研究としては，Tay et al.［2017］は，アメリカの大学卒業生を対象にした調査データを用いて，学生ローンが主観的幸福度に対して負の影響を及ぼすことを明らかにしている。また，同研究は，負債金額等の客観的な負債よりも，本人が負債に対して感じているストレスや不安や重荷などの主観的な負債のほうが，負債が幸福度や抑うつに及ぼす影響を分析するうえで，より実態を反映する可能性が高いことを指摘している。個人の所得や資産が大きい場合には，客観的な負債金額が大きくても負債が心理的健康に及ぼす影響は小さいことが考えられ，個々人ごとの所得や資産の違いにより客観的負債が幸福度や抑うつに及ぼす影響は一律には説明づけにくいことを理由としてあげている。さらに，Tsai et al.［2016］は，負債は幸福度と健康行動に対して負の効果を与えることを明らかにしている。

2-2　親の経済力，負債と抑うつ

　負債と抑うつに関する先行研究については，Hojman et al.［2016］は，縦断的なデータを用いることで，一時点の負債と抑うつの関連だけではなく，時間の経過に伴う負債の変化が抑うつに及ぼす効果を分析している。負債は抑うつと有意な関連があること，さらに，負債が少なくなると抑うつが軽減することを明らかにしている。Walsemann et al.［2015］の研究は，アメリカの若年者では，学生ローン借入額が大きいほど心理的機能が低下すること，親の経済力

が高い場合よりも親の経済力が低い奨学金借入者のほうが奨学金借入による心理的機能低下へのダメージは小さいことを明らかにした。後者の結果が示された理由としては，親の経済力が低い家計ほど，奨学金がなければ大学進学の機会は少なく，奨学金による進学のメリット，自己効力感などへのプラス効果が大きく作用するためと推測している。Sweet et al. [2013] は，家計負債が精神的健康に及ぼす効果を分析している。保有資産と比較して金融負債が高い場合，ストレスと抑うつが統計的に顕著に高いことを明らかにしている。

2-3　研究の空白域：奨学金の利活用・返済負担感と幸福度に関する研究

　先行研究から，借入や奨学金等の負債が幸福度や心理的健康に対して統計的に顕著に負の影響を及ぼすことが明らかになってきている。いっぽう，在学中の奨学金の有効活用と幸福度との関連については，これまでの先行研究では殆ど焦点が当てられていない。奨学金を有効活用することで，在学中に勉強，サークル，就職活動などに時間をより集中でき，そのことが卒業後の有利な就職機会や所得増大につながり，幸福度の増大につながることも考えられる。

　また，収入や教育等の社会経済学的要因と比較して，同じく社会経済的要因でありながら奨学金借入が幸福度に対してどう影響するかは，研究蓄積は相対的に少ないため，奨学金と幸福度に関する研究に焦点を当てること自体，重要な研究課題であると考えられる。わが国では，金銭面でみた奨学金の借入金額と幸福度との関連ではなく，心理面からみた奨学金の返済負担感と幸福度との関連を定量的に分析した研究は，非常に少ない。

2-4　本章の目的

　本章の目的は，独自に収集した全国Webアンケート調査データ3,000サンプルを用いて，奨学金の有効活用と幸福度との関連，および，返済負担感と幸福度との関連を分析することである。これまで焦点の当てられることの少なかった，奨学金の有効活用と返済負担感の2つに注目する。

3　方　法

3-1　データ

　本章の研究は，横断的なデータを用いた研究である。分析で用いるデータは，筆者が独自に収集したWeb調査データである。調査は，2017年9月に行った。筆者が調査票を作成し，外部の調査会者に調査を委託した。サンプルの収集基準は，日本全国の20〜59歳の男女であること，学生ではないことである。収集したサンプル数，分析に使用するサンプル数は，ともに3,000である。性別は男女で2分類，年齢は10歳間隔で4分類，エリアは日本全体を北海道〜九州・沖縄までで8分類し，総務省「住民基本台帳に基づく人口，人口動態及び世帯数（平成29年1月1日現在）」が算出した日本全体の人口比率の縮図となるように，3,000サンプルを割り付けた。

3-2　アウトカム変数

　主なアウトカム変数は，幸福度である。副次的なアウトカム変数は，奨学金返済の家計負担感の重さである。

　幸福度の測定尺度については，Krueger and Schkade［2008］，Diener et al.［2010］，Lee et al.［2016］等の先行研究から，現在の全体的な幸福感を1項目でたずねる尺度が妥当性をもつことが明らかにされている。

　本章の研究のベースとなるアンケート調査の質問項目では，Krueger and Schkade［2008］，Diener et al.［2010］，Lee et al.［2016］などを参考にし，幸福度を測定するため，「全体的にみて，現在，あなたはどの程度幸せですか」とたずねている。回答選択肢は，「非常に幸せである」「やや幸せである」「あまり幸せではない」「全く幸せでない」の4つである。後述する統計分析では，アウトカム変数である幸福度は，「非常に幸せである」または「やや幸せである」の場合は1，「あまり幸せではない」または「全く幸せでない」の場合は0とする2値変数とした。

　また，奨学金返済の家計負担感の重さは，「奨学金の返済は，家計の経済的負担からみて，どのような状況ですか」とたずねている。「非常に重い」または「やや重い」と回答した場合は1，「あまり重くない」または「まったく重

くない」と回答した場合は0として，2つの値をとる変数とした。

3-3 主要な予測因子

奨学金の提供主体には，都道府県等の自治体，企業や財団等による奨学金など，多様な種類がある。これらのなかで，日本学生支援機構（または日本育英会）の奨学金は，貸付総額，利用者数の大半を占めていることから，本章におけるアンケート調査データや分析の対象とした奨学金項目は，すべて，日本学生支援機構（または日本育英会）の奨学金である。本アンケート調査では，「あなたは，学生の時に，日本学生支援機構（または日本育英会）の奨学金を借りていましたか。」とたずね，「借りていた」と回答した場合は奨学金借入者，「借りていなかった」と回答した場合は奨学金非借入者に分類した。

さらに，奨学金を借りていたと回答したケースについて，奨学金要因として，奨学金のプラス項目とマイナス項目をたずねた。まず，奨学金のプラス項目は，学生のときに日本学生支援機構（または日本育英会）の奨学金を利用したことで，「学校」「サークル・部活動・課外活動」「就職活動」により多く専念できたかどうかについて，それぞれ，「あてはまる」または「ややあてはまる」の場合は「専念できた」，「あまりあてはまらない」または「あてはまらない」の場合は「専念できなかった」，奨学金を借りていなかった場合は「非借入者」に分類した。

次に，奨学金のマイナス項目は，奨学金の最初の借入総額，現在の借入残額であり，100万円未満，100〜200万円未満，200〜300万円未満，300万円以上に分類した。奨学金の返済は家計の経済的負担からみてどうかについては，非常に重い，やや重い，あまり重くない，まったく重くないの4つに分類した。

3-4 共 変 量

年齢は，10歳間隔ごとに，20〜29歳，30〜39歳，40〜49歳，50〜59歳に分類した。婚姻状況は，既婚，未婚，離別・死別に分類した。世帯年収は，300万円未満，300〜500万円未満，500〜700万円未満，700〜1,000万円未満，1,000万円以上に分類した。教育は，中学校・高校卒，専修・専門学校・高専・短大卒，大学・大学院卒の3つに分類した。雇用形態は，正社員，非正規雇用・パート，自営業・会社経営，無職の4つに分類した。

3-5　統計分析

　本章では，奨学金要因と幸福度との関連，および奨学金返済負担感の影響要因を分析するため，ロジットモデルを用いた。幸福度および奨学金返済負担感について，オッズ比と95％信頼区間を算出した。主要なアウトカム変数である幸福度は，「非常に幸せである」または「やや幸せである」の場合は1，「あまり幸せではない」または「全く幸せでない」の場合は0とする2値変数とした。また，奨学金返済負担感は，「非常に重い」または「やや重い」の場合は1，「あまり重くない」または「まったく重くない」の場合は0とする2値変数とした。

　以下の幸福度のロジット分析では，3つのモデルを用いて分析した。モデル1では，人口統計学的要因（性別，年齢，婚姻状況），社会経済的要因（世帯年収，教育，雇用形態），奨学金メリット（勉学，部活動等，就職活動に専念できた），最初の奨学金借入総額を調整した。モデル2，モデル3では，それぞれ，モデル1の最初の奨学金借入総額を，現在の奨学金借入残額，奨学金返済の家計負担感の重さにおきかえて分析した。各モデルでは，奨学金要因と幸福度との関連が社会経済的要因と独立したうえで顕著であるかを分析するため，社会経済的要因である世帯年収，教育，雇用状態を，奨学金要因と同時に調整した。また，奨学金返済負担感のロジット分析では，人口統計学的要因（性別，年齢，婚姻状況），社会経済的要因（世帯年収，教育，雇用形態）を調整した。

4　分析結果

4-1　記述統計量

　表3-2は，アンケート回答者の記述統計量を示したものである。サンプル数は，3,000である。平均年齢は，40.7歳（SD=10.4）である。性別は，男性は50.8％，女性は49.2％である。幸福度は，「非常に幸せである」「やや幸せである」「あまり幸せではない」「全く幸せでない」は，それぞれ，14.8％，53.7％，23.4％，8.1％である。奨学金要因は，奨学金借入者（N=573）のうち，学生のときに日本学生支援機構（または日本育英会）の奨学金を利用したことで，学校の勉強，サークル・部活動・課外活動，就職活動により多く専念できたとい

表3-2　記述統計量（N=3,000人）

	奨学金借入者		奨学金非借入者		全体	
	N=573人	%	N=2,427人	%	N=3,000人	%
性別						
男性	327	57.1	1,197	49.3	1,524	50.8
女性	246	42.9	1,230	50.7	1,476	49.2
年齢						
平均年齢（SD）	35.3歳 (SD=10.1)		41.9歳 (SD=10.1)		40.7歳 (SD=10.4)	
20～29歳	223	38.9	388	16.0	611	20.4
30～39歳	160	27.9	582	24.0	742	24.7
40～49歳	120	20.9	794	32.7	914	30.5
50～59歳	70	12.2	663	27.3	733	24.4
婚姻状況						
既婚	290	50.6	1,511	62.3	1,801	60.0
未婚	263	45.9	746	30.7	1,009	33.6
離婚	18	3.1	151	6.2	169	5.6
死別	2	0.3	19	0.8	21	0.7
世帯年収						
300万円未満	118	20.6	505	20.8	623	20.8
300～500万円未満	181	31.6	644	26.5	825	27.5
500～700万円未満	107	18.7	542	22.3	649	21.6
700～1,000万円未満	108	18.8	476	19.6	584	19.5
1,000万円以上	59	10.3	260	10.7	319	10.6
教育						
中学校・高校卒	70	12.2	816	33.6	886	29.5
専修専門学校・高専・短大卒	117	20.4	655	27.0	772	25.7
大学・大学院卒	386	67.4	956	39.4	1,342	44.7
雇用形態						
正社員	328	57.2	1,067	44.0	1,395	46.5
非正規雇用	109	19.0	572	23.6	681	22.7
自営業・会社経営役員	24	4.2	212	8.7	236	7.9
無職	112	19.5	576	23.7	688	22.9
奨学金借入						
借りていた	573	100.0	0	0.0	573	19.1
借りていなかった	0	0.0	2,427	100.0	2,427	80.9
奨学金の種類						
第1種（無利息）	297	51.8	0	0.0	297	9.9
第2種（利息付）	227	39.6	0	0.0	227	7.6
両方	49	8.6	0	0.0	49	1.6
非借入者	0	0.0	2,427	100.0	2,427	80.9
奨学金の返済状況						
返済中	277	48.3	0	0.0	277	9.2
滞納（1日以上～2か月）	4	0.7	0	0.0	4	0.1
滞納（3～9か月）	5	0.9	0	0.0	5	0.2
滞納（10か月以上）	1	0.2	0	0.0	1	0.0
免除・猶予	34	5.9	0	0.0	34	1.1

全額返済済み	252	44.0	0	0.0	252	8.4
非借入者	0	0.0	2,427	100.0	2,427	80.9
奨学金の最初の借入総額						
100万円未満	102	17.8	0	0.0	102	3.4
100〜200万円未満	162	28.3	0	0.0	162	5.4
200〜300万円未満	169	29.5	0	0.0	169	5.6
300万円以上	140	24.4	0	0.0	140	4.7
非借入者	0	0.0	2,427	100.0	2,427	80.9
奨学金の現在の借入残額						
100万円未満	407	71.0	0	0.0	407	13.6
100〜200万円未満	70	12.2	0	0.0	70	2.3
200〜300万円未満	54	9.4	0	0.0	54	1.8
300万円以上	42	7.3	0	0.0	42	1.4
非借入者	0	0.0	2,427	100.0	2,427	80.9
奨学金返済の家計負担感の重さ						
非常に重い	160	27.9	0	0.0	160	5.3
やや重い	225	39.3	0	0.0	225	7.5
あまり重くない	113	19.7	0	0.0	113	3.8
まったく重くない	75	13.1	0	0.0	75	2.5
非借入者	0	0.0	2,427	100.0	2,427	80.9
奨学金のメリット						
（学校勉強に専念できた）						
あてはまる	127	22.2	0	0.0	127	4.2
ややあてはまる	265	46.2	0	0.0	265	8.8
あまりあてはまらない	133	23.2	0	0.0	133	4.4
あてはまらない	48	8.4	0	0.0	48	1.6
非借入者	0	0.0	2,427	100.0	2,427	80.9
奨学金のメリット						
（サークル等に専念できた）						
あてはまる	88	15.4	0	0.0	88	2.9
ややあてはまる	191	33.3	0	0.0	191	6.4
あまりあてはまらない	180	31.4	0	0.0	180	6.0
あてはまらない	114	19.9	0	0.0	114	3.8
非借入者	0	0.0	2,427	100.0	2,427	80.9
奨学金のメリット						
（就職活動に専念できた）						
あてはまる	72	12.6	0	0.0	72	2.4
ややあてはまる	187	32.6	0	0.0	187	6.2
あまりあてはまらない	206	36.0	0	0.0	206	6.9
あてはまらない	108	18.8	0	0.0	108	3.6
非借入者	0	0.0	2,427	100.0	2,427	80.9
幸福度						
非常に幸せである	90	15.7	355	14.6	445	14.8
やや幸せである	312	54.5	1,298	53.5	1,610	53.7
あまり幸せではない	137	23.9	564	23.2	701	23.4
全く幸せでない	34	5.9	210	8.7	244	8.1

（出所）　佐々木［2018a］。

う割合は, いずれも半数程度または半数を超えている。奨学金借入者（N=573）のうち, 奨学金の返済は, 家計の経済的負担からみてどのような状況かについては, 非常に重いは27.9%, やや重いは39.3%, あまり重くないは19.7%, まったく重くないは13.1%である。

4-2　年齢・婚姻状況・世帯年収・雇用形態と奨学金返済負担感

　奨学金返済の家計負担感の重さに関するクロス集計およびロジット推定結果については, 奨学金を借りているあるいは借りていたサンプル群のみを対象に分析している。図3-1〜図3-4は, 日本学生支援機構（または日本育英会）の奨学金の返済負担感に関するクロス集計結果であり, 日本学生支援機構（または日本育英会）の奨学金について, 「非常に重い」または「やや重い」を合計した割合を示している。

　図3-1は, 年齢と奨学金返済負担感であり, 奨学金返済負担感が重いのは, 20〜29歳は77.1%, 30〜39歳は69.4%, 40〜49歳は55.0%, 50〜59歳は51.4%である。図3-2は, 婚姻状況と奨学金返済負担感である。既婚の場合は60.0%, 未婚の場合は74.1%, 離別・死別の場合は80.0%が, 返済負担が重いと回答している。図3-3は, 世帯年収と奨学金返済負担感, 図3-4は, 雇用形態と奨学金返済負担感である。若年世代, 離婚・死別, 低年収, 非正規雇用の特徴をもつ場合, 奨学金返済の負担が重いと回答している割合が高い。

　奨学金返済の家計負担感の重さについてのロジット推定結果については, 表3-3に示している。性別については, 男性は女性よりも奨学金返済の負担感が重い。年齢は, 50代を基準にした場合, 20代・30代の若年世代は, 奨学金の返済負担感が重い。社会経済的要因については, 世帯年収は, 500万円以上を基準にすると, 300万円未満が, 奨学金の返済負担感が重い。教育と雇用形態は, 奨学金返済の負担感との関連はみられなかった。

4-3　奨学金の返済負担感・有効活用と幸福度

　図3-5〜図3-7は, 奨学金要因と幸福度に関するクロス集計結果である。幸福者の割合は, 「非常に幸せである」＋「やや幸せである」の割合である。日本学生支援機構（または日本育英会）の奨学金について, 奨学金借入総額（当初）は, 金額が大きくなった場合でも, 幸福度が一律に低くなる傾向はみられない。奨学金の返済負担感が重い場合は, 幸福度は低い傾向がある。奨学金を

図3-1　年齢と奨学金返済負担感

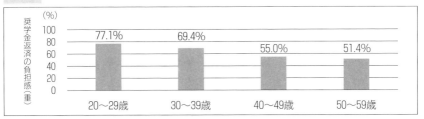

（注）　図3-1～図3-4のサンプル数N=573，奨学金を借りていた人々のみ。奨学金返済の負担
　　　感（重）は，「非常に重い」と「やや重い」の回答を合計した割合。
（出所）　図3-1～図3-4：佐々木［2018a］。

図3-2　婚姻状況と奨学金返済負担感

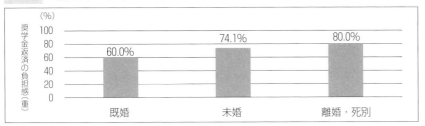

図3-3　世帯年収と奨学金返済負担感

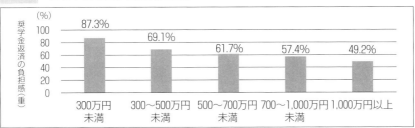

図3-4　雇用形態と奨学金返済負担感

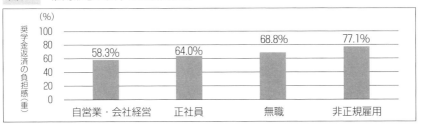

表3-3　奨学金返済の家計負担感の重さに関するロジット推定結果
（N=573人，奨学金借入者のみのサンプル）

	オッズ比	95%信頼区間
性別（基準：女性）		
男性	1.59*	(1.01, 2.49)
女性	1.00	
年齢（基準：50～59歳）		
20～29歳	2.44**	(1.28, 4.63)
30～39歳	2.18*	(1.19, 4.00)
40～49歳	0.97	(0.52, 1.81)
50～59歳	1.00	
婚姻状況（基準：既婚）		
既婚	1.00	
未婚	1.19	(0.77, 1.86)
離婚・死別	2.74	(0.84, 9.00)
世帯年収（基準：500万円以上）		
300万円未満	3.91**	(2.04, 7.51)
300～500万円未満	1.35	(0.88, 2.09)
500万円以上	1.00	
教育（基準：中学校・高校卒）		
中学校・高校卒	1.00	
専修専門学校・高専・短大卒	1.18	(0.57, 2.44)
大学・大学院卒	1.09	(0.58, 2.05)
雇用形態（基準：正社員）		
正社員	1.00	
非正規雇用	1.65	(0.93, 2.94)
自営業・会社経営	0.55	(0.22, 1.39)
無職	1.26	(0.71, 2.24)
定数項	0.50	

**，*は，それぞれ1％，5％水準で有意。
（出所）　佐々木［2018a］。

利用したことで学校の勉強，サークル・部活動・課外活動，就職活動により多く専念できた場合は，幸福度が高い傾向がある。

　表3-4は，奨学金の借入者と非借入者の全体を含めた3,000サンプルの幸福度に関するロジット推定結果を示している。また，表3-5は，奨学金借入者のみ

図3-5　奨学金借入総額（当初）と幸福度

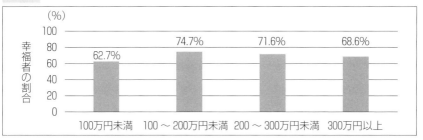

（注）　図3-5～図3-7は，サンプル数N=573，奨学金を借りていた人々573人のみ。幸福者の割合は，「非常に幸せである」＋「やや幸せである」の割合である。
（出所）　図3-5～図3-7：佐々木［2018a］。

図3-6　奨学金返済負担感と幸福度

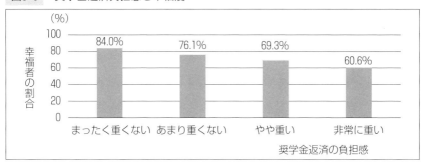

図3-7　奨学金有効活用と幸福度

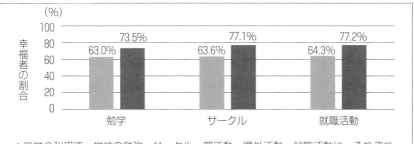

の573サンプルの幸福度に関するロジット推定結果を示している。オッズ比が
1より大きい場合は，当該説明変数は，幸福度が高い関連があることを示して

表3-4　幸福度に関するロジット推定結果（N=3,000人：奨学金の借入者＋非借入者の全体サンプル）

	モデル1		モデル2		モデル3	
	オッズ比	95%信頼区間	オッズ比	95%信頼区間	オッズ比	95%信頼区間
性別（基準：女性）						
男性	0.55**	(0.45, 0.67)	0.55**	(0.45, 0.67)	0.56**	(0.46, 0.68)
女性	1.00		1.00		1.00	
年齢（基準：20～29歳）						
20～29歳	1.00		1.00		1.00	
30～39歳	0.77*	(0.59, 0.99)	0.78	(0.60, 1.01)	0.75*	(0.58, 0.97)
40～49歳	0.61**	(0.47, 0.78)	0.62**	(0.48, 0.80)	0.58**	(0.45, 0.76)
50～59歳	0.51**	(0.38, 0.67)	0.52**	(0.39, 0.69)	0.49**	(0.37, 0.64)
婚姻状況（基準：既婚）						
既婚	1.00		1.00		1.00	
未婚	0.29**	(0.24, 0.36)	0.29**	(0.24, 0.36)	0.29**	(0.24, 0.35)
離婚・死別	0.44**	(0.32, 0.62)	0.44**	(0.32, 0.62)	0.44**	(0.31, 0.61)
世帯年収（基準：300万円未満）						
300万円未満	1.00		1.00		1.00	
300～500万円未満	1.47**	(1.16, 1.86)	1.47**	(1.16, 1.86)	1.45**	(1.15, 1.84)
500～700万円未満	1.64**	(1.26, 2.14)	1.64**	(1.26, 2.13)	1.60**	(1.23, 2.09)
700～1,000万円未満	2.42**	(1.82, 3.23)	2.43**	(1.82, 3.25)	2.36**	(1.77, 3.16)
1,000万円以上	3.02**	(2.12, 4.31)	3.03**	(2.12, 4.32)	2.92**	(2.04, 4.16)
教育（基準：中学校・高校卒）						
中学校・高校卒	1.00		1.00		1.00	
専修専門学校・高専・短大卒	1.09	(0.87, 1.37)	1.09	(0.87, 1.37)	1.10	(0.88, 1.39)
大学・大学院卒	1.12	(0.91, 1.38)	1.12	(0.91, 1.38)	1.13	(0.91, 1.39)
雇用形態（基準：正社員）						
正社員	1.00		1.00		1.00	
非正規雇用・パート	0.83	(0.66, 1.05)	0.84	(0.66, 1.06)	0.85	(0.67, 1.07)
自営業・会社経営	0.98	(0.71, 1.34)	0.99	(0.72, 1.35)	0.98	(0.72, 1.34)
無職	0.75*	(0.59, 0.97)	0.76*	(0.59, 0.97)	0.76*	(0.59, 0.98)
奨学金の最初の借入総額（基準：100万円未満）						
100万円未満	1.00					
100～200万円未満	1.50	(0.83, 2.69)				
200～300万円未満	1.21	(0.68, 2.16)				
300万円以上	1.05	(0.58, 1.90)				
非借入者	1.65	(0.98, 2.79)				
奨学金の現在の借入残額（基準：100万円未満）						
100万円未満			1.00			
100～200万円未満			1.44	(0.76, 2.73)		
200～300万円未満			0.99	(0.51, 1.91)		

	モデル1		モデル2		モデル3	
300万円以上			1.04	(0.51, 2.11)		
非借入者			1.43	(0.99, 2.08)		
奨学金返済の家計負担感の重さ（基準：まったく重くない）						
まったく重くない					1.00	
あまり重くない					0.60	(0.27, 1.35)
やや重い					0.54	(0.26, 1.12)
非常に重い					0.37**	(0.17, 0.78)
非借入者					0.72	(0.35, 1.47)
奨学金のメリット（勉学専念）（基準：専念できなかった＋非借入者）						
専念できた	1.32	(0.83, 2.11)	1.30	(0.82, 2.07)	1.30	(0.81, 2.08)
専念できなかった＋非借入者	1.00		1.00		1.00	
奨学金のメリット（部活専念）（基準：専念できなかった＋非借入者）						
専念できた	1.31	(0.82, 2.07)	1.36	(0.85, 2.15)	1.27	(0.79, 2.02)
専念できなかった＋非借入者	1.00		1.00		1.00	
奨学金のメリット（就職活動）（基準：専念できなかった＋非借入者）						
専念できた	1.43	(0.88, 2.32)	1.39	(0.86, 2.24)	1.45	(0.89, 2.36)
専念できなかった＋非借入者	1.00		1.00		1.00	
定数項	2.82**		3.19**		6.72**	

（注）モデル1では，人口統計学的要因（性別，年齢，婚姻状況），社会経済的要因（世帯年収，教育，雇用形態），奨学金メリット（勉学，部活動等，就職活動に専念できた），「奨学金の最初の借入総額」を調整した。モデル2では，モデル1の「奨学金の最初の借入総額」を「奨学金の現在の借入残額」に，モデル3では，モデル1の「奨学金の最初の借入総額」を「奨学金返済の家計負担感の重さ」に，それぞれおきかえて調整した。
**，*は，それぞれ1％，5％水準で有意。
（出所）　佐々木［2018a］。

いる。また，オッズ比が1より小さい場合は，当該説明変数は，幸福度が低い関連があることを示している。

　まず，**表3-4**より，奨学金の借入者と非借入者の全体を含めた3,000サンプルの幸福度に関するロジット推定結果について，奨学金要因を中心に焦点を当てる。奨学金要因については，学生のときに日本学生支援機構（または日本育英会）の奨学金を利用したことで，「勉学」「サークル・部活動・課外活動」「就職活動」により多く専念できたかどうかは，専念できなかった＋非借入者の場合を基準にすると，専念できた場合は，それぞれ，統計的に有意ではないものの，幸福度は高い傾向がみられた。奨学金返済の家計負担感の重さは，まったく重くない場合を基準にすると，非常に重い場合，幸福度は有意に低い。

　次に，**表3-5**より，奨学金借入者のみの573サンプルの幸福度に関するロジッ

表3-5　幸福度に関するロジット推定結果（N=573人：奨学金の借入者のみのサンプル）

	モデル1		モデル2		モデル3	
	オッズ比	95%信頼区間	オッズ比	95%信頼区間	オッズ比	95%信頼区間
性別（基準：女性）						
男性	0.43**	(0.27, 0.70)	0.44**	(0.27, 0.71)	0.45**	(0.28, 0.74)
女性	1.00		1.00		1.00	
年齢（基準：20〜29歳）						
20〜29歳	1.00		1.00		1.00	
30〜39歳	0.88	(0.50, 1.55)	0.92	(0.51, 1.65)	0.82	(0.46, 1.46)
40〜49歳	0.37**	(0.20, 0.67)	0.41**	(0.21, 0.77)	0.31**	(0.17, 0.58)
50〜59歳	0.27**	(0.12, 0.60)	0.29**	(0.13, 0.66)	0.22**	(0.10, 0.49)
婚姻状況（基準：既婚）						
既婚	1.00		1.00		1.00	
未婚	0.13**	(0.08, 0.22)	0.13**	(0.08, 0.23)	0.12**	(0.07, 0.21)
離婚・死別	0.12**	(0.04, 0.36)	0.12**	(0.04, 0.36)	0.12**	(0.04, 0.36)
世帯年収（基準：300万円未満）						
300万円未満	1.00		1.00		1.00	
300〜500万円未満	1.20	(0.68, 2.09)	1.21	(0.69, 2.11)	1.13	(0.64, 2.00)
500〜700万円未満	1.16	(0.59, 2.27)	1.15	(0.59, 2.26)	1.01	(0.51, 2.00)
700〜1,000万円未満	2.36*	(1.13, 4.91)	2.42*	(1.16, 5.05)	1.96	(0.92, 4.16)
1,000万円以上	3.42*	(1.32, 8.87)	3.42*	(1.31, 8.88)	2.76*	(1.04, 7.29)
教育（基準：中学校・高校卒）						
中学校・高校卒	1.00		1.00		1.00	
専修専門学校・高専・短大卒	0.65	(0.29, 1.43)	0.64	(0.30, 1.40)	0.69	(0.32, 1.50)
大学・大学院卒	0.82	(0.41, 1.66)	0.79	(0.41, 1.53)	0.84	(0.44, 1.61)
雇用形態（基準：正社員）						
正社員	1.00		1.00		1.00	
非正規雇用・パート	1.02	(0.58, 1.80)	1.06	(0.60, 1.86)	1.08	(0.61, 1.90)
自営業・会社経営	3.86*	(1.18, 12.70)	4.15*	(1.26, 13.65)	3.66*	(1.11, 12.03)
無職	0.38**	(0.20, 0.73)	0.39**	(0.21, 0.75)	0.41**	(0.21, 0.79)
奨学金の最初の借入総額（基準：100万円未満）						
100万円未満	1.00					
100〜200万円未満	1.30	(0.67, 2.50)				
200〜300万円未満	1.10	(0.56, 2.15)				
300万円以上	0.87	(0.43, 1.74)				
奨学金の現在の借入残額（基準：100万円未満）						
100万円未満			1.00			
100〜200万円未満			1.46	(0.71, 2.98)		
200〜300万円未満			0.96	(0.47, 1.99)		
300万円以上			1.02	(0.46, 2.22)		

奨学金返済の家計負担感の重さ（基準：まったく重くない）						
まったく重くない					1.00	
あまり重くない					0.52	(0.22, 1.22)
やや重い					0.48	(0.22, 1.05)
非常に重い					0.30**	(0.13, 0.67)
奨学金のメリット（勉学専念）（基準：専念できなかった）						
専念できた	1.45	(0.87, 2.43)	1.40	(0.84, 2.34)	1.43	(0.85, 2.40)
専念できなかった	1.00		1.00		1.00	
奨学金のメリット（部活専念）（基準：専念できなかった）						
専念できた	1.25	(0.76, 2.05)	1.30	(0.79, 2.14)	1.24	(0.75, 2.06)
専念できなかった	1.00		1.00		1.00	
奨学金のメリット（就職活動）（基準：専念できなかった）						
専念できた	1.51	(0.90, 2.53)	1.48	(0.89, 2.46)	1.15	(0.90, 2.55)
専念できなかった	1.00		1.00		1.00	
定数項	10.73**		10.57**		28.48**	

（注）モデル1では，人口統計学的要因（性別，年齢，婚姻状況），社会経済的要因（世帯年収，教育，雇用形態），奨学金メリット（勉学，部活動等，就職活動に専念できた），「奨学金の最初の借入総額」を調整した。モデル2では，モデル1の「奨学金の最初の借入総額」を「奨学金の現在の借入残額」に，モデル3では，モデル1の「奨学金の最初の借入総額」を「奨学金返済の家計負担感の重さ」に，それぞれおきかえて調整した。
**，*は，それぞれ1％，5％水準で有意。
（出所）佐々木［2018a］。

ト推定結果について，奨学金要因を中心にみる。奨学金の返済がまったく重くない場合を基準にすると，非常に重い場合，幸福度は低い関連がある（図3-8参照）。学生のときに日本学生支援機構（または日本育英会）の奨学金を利用したことで，「勉学」「サークル・部活動・課外活動」「就職活動」により多く専念できたかどうかは，専念できなかった場合を基準にすると，専念できた場合は，それぞれ，統計的に有意ではないが，幸福度は高い傾向がある（図3-9参照）。

5　奨学金の利活用と奨学金リテラシー向上の重要性

本章では，日本全国の20〜59歳の男女3,000サンプルを用いた分析の結果，在学時に勉学面，部活動等面，就職活動面で奨学金を有効活用できた場合は統計的に有意ではないものの幸福度が高い傾向があること，奨学金返済の家計経

図3-8　奨学金返済負担感と幸福度の関連（N=573人）

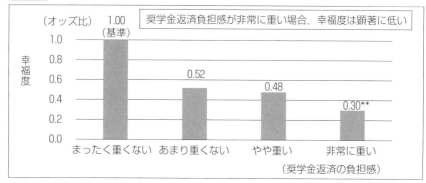

※人口統計学的要因（性別，年齢，婚姻状況），社会経済的要因（世帯年収，教育，雇用形態），奨学金メリット（勉学，部活動等，就職活動が専念できた）を調整したうえで，ロジット分析を行った。**は1％水準で統計的に有意な関連があったことを示している。
（出所）　佐々木［2018a］。

図3-9　奨学金有効活用と幸福度の関連（N=573人）

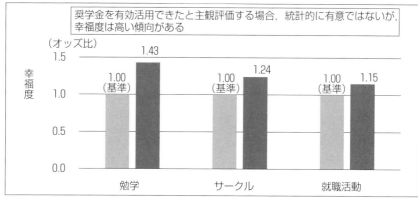

※奨学金利用で，左：専念できなかった場合，右：専念できた場合。
※人口統計学的要因（性別，年齢，婚姻状況），社会経済的要因（世帯年収，教育，雇用形態），奨学金メリット（勉学，部活動等，就職活動が専念できた）を調整したうえで，ロジット分析を行った。いずれも，統計的に有意な関連はみられなかった。
（出所）　佐々木［2018a］。

済負担を非常に重く感じる場合は幸福度は顕著に低いことを明らかにした。

　これまでの先行研究では，借金や奨学金借入等の負債のマイナス面に焦点を当て，負債は幸福度に対して負の影響を及ぼしていることを明らかにしている（Tay et al.［2017］，Tsai et al.［2016］）。一方，在学中に奨学金をどう有効活

用したかなど，奨学金の有効活用が幸福度にどのようなプラス効果を与えているのかに焦点を当てた先行研究は，非常に少ない。本章では，奨学金を利用したことで，「学校」「サークル・部活動・課外活動」「就職活動」により多く専念できた場合，統計的に有意ではないものの，幸福度が高い傾向があることを明らかにした。

　なお，在学時に奨学金を有効活用できたかどうかは，個々人の資質やタイプの違いによるものであるのか，それとも，奨学金のリテラシー教育などで有効活用度を高めていけるものであるのかを識別することは，奨学金の有効活用のありかたを考える上で，重要な点である。奨学金も負債・金融の1つであり，家森（[2017]，[2016]）による金融リテラシーに関する先駆的な研究を参考にすると，学生に限らず社会人一般にとっても，そもそも金融や奨学金の仕組みを理解することは難しい。わが国では，中学・高校等の学校教育現場で金融や奨学金の仕組みや機能を学ぶ体系的な金融リテラシー教育はほとんど行われておらず，金融知識が十分ではないまま，金融や奨学金借入の諸決定を行う面があることも考えられる。奨学金リテラシー教育の枠組みについて，どのような仕組みをつくれば奨学金の有効活用度は高まるのかを分析することが重要と考えられる。

　次に，本章の分析では，金額面でみた奨学金の借入金額の大小は幸福度との関連はないこと，むしろ，心理的にみた奨学金の返済負担感が大きいほど幸福度が低い関連があることを明らかにした。奨学金の借入金額が大きくても，返済力があれば，幸福度への負の影響は小さいためと考えられる。むしろ，返済の負担感からアプローチすることで，奨学金借入が幸福度に及ぼす負の実態が反映されやすいことが示された。その理由は，Sweet et al. [2013] が参考になる。負債が大きい場合は，個々人の所得や資産も大きいことがあり，負債の絶対額をみただけでは，負債の正味の負担度合いは反映されにくいからである。

　今後の研究課題は，2点ある。第1は，今後は，奨学金利用者に限定した調査を実施して，奨学金滞納や免除・猶予のケースのサンプル数をより十分に確保した分析を行うことである。第2は，奨学金の有効活用の質問項目について，勉学，部活動等，就職活動に専念できたかどうかを説明変数にしているが，いずれも本人の主観評価に基づく変数となっている。より客観的な尺度を用いるため，費やした実際の時間や成績・成果状況などの数値を用いた分析を行う必要がある。

6　ま　と　め

　奨学金返済の家計経済負担を重く感じる場合，幸福度は顕著に低いことが明らかになった。また，奨学金が有効活用され，在学時に勉学，サークル等，就職活動に専念できた場合，統計的には有意ではないものの，幸福度が高い傾向があることが明らかになった。今後は，幸福度を高める点からも，奨学金をどの主体にいくら配分するのかだけではなく，奨学金の有効活用を促すため，奨学金の有効活用の具体例などをレクチャーする奨学金リテラシー教育の推進も重要であると考えられる。

第4章

家族内の仕送り・
生活資金援助の分析

1　高齢世代の年金が勤労世代の低収入を支える
　　社会経済状況

　内閣府の「高齢者の経済・生活環境に関する調査」(2016年) によると, 60歳以上の人々のうち, 約2割が, 満18歳以上の子や孫の生活費の一部または殆どを賄っている実態が示されている。その背景には, 20〜50代の現役世代は, 低収入の非正規雇用, 単身・未婚者の増加, 年金未納, 奨学金滞納など, さまざまな経済的リスクにさらされていること, こうした現役世代の不安定で脆弱な収入基盤を, 高齢世代の安定した年金や金融資産が仕送り等で支えていることが考えられる。

　成人した子 (20〜59歳) の仕送りを高齢の親が恒久的に行うことは, 寿命や資産枯渇のため難しく, 仕送りが途絶えたとき, 収入源の大半を失うことになるだろう。20〜59歳の世代の一部は, なぜ, 成人後もなお, 親からの仕送り等を受けているのか, どのような社会経済的状況にある場合に仕送り等を受ける確率が高いのかを明らかにすることは, 国が限られた社会保障資源をどのような人々に優先して配分していくべきかを判断する材料を得るうえで, 重要な研究課題と思われる (表4-1参照)。

　また, わが国の家計金融資産約1,800兆円のうち, およそ6割にあたる約1,000兆円は, 高齢者が保有している (日本銀行 [2017], 総務省 [2016a])。また, 保有資産の多くは預貯金に偏在しており, 株式等の事業資金に直接回る割合は

表4-1 本章の主な分析結果，インプリケーション

1	内閣府調査［2016］に代表されるように，先行調査・研究は，仕送りや遺贈する側の高齢の親サイドに注目した研究が多い。
2	仕送りや遺贈を受ける側の成人した子（20〜59歳）に焦点を当てた研究は，少ない。
3	親から定期的な資金援助を受ける割合は，低い世帯年収，非正規雇用，無職，国民年金の免除・納付猶予，未納，奨学金滞納の場合，顕著に高い。
4	年収700〜1,000万円未満，1,000万円以上の世帯でも，それぞれ，5.1％，6.6％の世帯が，親から定期的な資金援助を受けている。

（出所） 佐々木［2018b］。

表4-2 内閣府調査［2016］と本研究調査［2017］との相違，位置づけ

	内閣府調査［2016］	本研究調査［2017］
調査年度	2016年	2017年
調査対象の年齢	60歳以上	20〜59歳
分析対象	仕送り等をする側の親世代	親世代から仕送り等を受ける側の子世代
主な調査項目	60歳以上の人々の収入，学歴，就業，消費支出の内容，18歳以上の子や孫の有無・同居別居・就業状況・生活費をまかなっているかなど	20〜59歳の人々の収入，学歴，職業，公的年金の種別・支払状況，奨学金の支払状況，親からの定期的な資金援助の有無など

（出所） 佐々木［2018b］。

非常に少なく，企業の事業資金調達や経営活動にも影響を及ぼす可能性がある。現役世代（20〜59歳）は高齢世代から，どういう理由で仕送りを受けているのかを解明することは，高齢者の保有する約1,000兆円の今後の動向，高齢者の生活費のやりくり，年金等の社会保障政策のありかたを分析する上でも重要と思われる。

　親から子への生活費や生活資金の援助に関する先行調査・研究では，Kim et al.［2012］などの研究で指摘されるように，これまで主に，お金を提供するサイドである親に焦点を当てた研究が多く，お金を受け取る側である子に焦点を当てて調査・分析した研究は非常に蓄積が少ないのが実態である。わが国における親子間の所得移転の実態を明らかにした希少な調査である上述の内閣府［2016］の調査も，60歳以上の高齢者が対象であり，20〜59歳の現役世代を直接に調査・分析したものではない。

　本章の目的は，筆者が行った全国20〜59歳男女のWeb調査3,000サンプルのデータを用いて，お金を受け取る側である子に焦点を当て，親から定期的な資

金援助を受ける人々の特徴を明らかにすることである（**表4-2参照**）。

2　先行研究：生前贈与・遺贈の動機

2-1　先行研究で明らかになっていること：社会経済的要因，要介護要因

　親から子へのお金の流れは，親の生存時に親から子へ行われる資金援助，所得移転，親の死亡時における子への遺贈に関する先行研究が蓄積されている。親がなぜ子に所得移転や遺贈を行うのか，その動機には様々な理由が考えられるが，経済学では生前贈与・遺贈の動機に関する先行研究には，主に，利他主義モデルに基づく研究と，利己主義モデルに基づく研究の2つがある。

　利他主義モデルに基づく先行研究は，Becker［1974］，Barro［1974］，Wilhelm［1996］などの代表的研究がある。利他主義モデルに依拠する場合，親が子に所得移転・遺贈する主な動機として，子への愛情や義務感等から，子が経済的に困窮しないように資金援助することなどが想定されている。親は，2人以上の兄弟姉妹の子たちのうち，収入が最も少ない子，一番経済的に困っている子に多くの所得移転や遺贈を行うことが考えられる。

　一方，利己主義モデルに基づく先行研究では，主に，子から親への介護等に関連して，子に資金を援助することが想定されている（Bernheim et al.［1985］，Cox and Rank［1992］）。

　Olivera et al.［2017］やBecker［1974］の研究などから指摘されるように，親が利他主義か利己主義かの違いは，家族内での親子関係や子の生涯消費平準化に影響するだけではなく，年金制度をはじめとした国による社会保障政策の有効性や実効性にも大きな影響を及ぼすことが考えられる。国が年金給付として高齢世代に多くの年金を給付しても，家族内で親の年金が子へ資金援助として渡されれば，当該高齢者の実質年金手取り額は低下するため，高齢世代へ年金給付を行う本来の効果は薄れてしまう。

　McGarry et al.［2016］は，アメリカのThe Health and Retirement Study（HRS）のデータを用いて，親から子への所得移転を高めるように作用する要因を明らかにしている。所得移転を受ける子の特徴は，人口統計学的要因としては，年齢が若いこと，既婚，未婚・離婚，子自身の扶養子供人数が多いこと，社会経済的要因は，収入が少ないこと，失業の場合，子は親から所得移転を受

ける確率が高い。また，親が高所得，高資産保有，高い教育水準で，親が保有する資源が多いほど，子は親から所得移転を受ける確率は高いことが示されている。

　Kim et al.［2012］は，遺産の授受の期待や意識には，親子間で大きなギャップが生じていることを明らかにしている。同研究は，アメリカのThe Family Exchange Studyのデータを用いて，少なくとも親が1人は生きていること，18歳以上の子が1人以上いるという条件を満たす，40〜60歳を分析対象にしている。親子ペアでの同時調査のデータを用いている。分析の結果，子は，親が子に遺産を遺そうと考えている可能性よりも，遺産受け取りの可能性を低く予想しており，親子間で遺産予想・期待に顕著な差異が生じていることを明らかにしている。

　Olivera et al.［2017］は，ヨーロッパ14か国とイスラエルの調査データであるThe Survey of Health, Ageing, and Retirement in Europe（SHARE）を用いて，親から子への所得移転と遺贈について，ヨーロッパとアメリカとの差異を分析している。親の死亡時における子への遺贈については，子である兄弟姉妹に均等に遺産が遺される割合はアメリカ（83.0〜95.0％）でもヨーロッパ（14か国平均で約90.4％）でも高いが，親が生きているときに行われる親から子への所得移転は，子である兄弟姉妹に均等配分される割合は，アメリカとヨーロッパで大きな差異があるという。アメリカでは，親が自分の生存中に，子に対して所得移転を行う場合，子たちに均等に所得移転する割合は，所得移転する親のうち，約6.4〜9.2％にすぎないという。ヨーロッパ14か国では，約36％であり，スウェーデンでは49.3％，デンマークでは45.0％の親が，子たちに均等に資金援助していることが示されている。

　Akin and Leukhina［2015］は，McGarry et al.［2016］と同様に，アメリカのThe Health and Retirement Study（HRS）のデータを用いたうえで，親から子への所得移転を高くする要因を明らかにしている。子の現在の低所得は，親から子への所得移転を高くするように作用する要因であるが，現在所得という一時点での所得ではなく長期的にみた子の恒常的な所得まで考慮すると，子の低所得と，親から子への所得移転の高さとの関係は弱くなることを明らかにしている。また，親の退職の有無は，親から子への所得移転には影響しないことを明らかにしている。

2-2　先行研究で十分に明らかになっていないこと：
　　　子のサイドの社会経済的要因への着目

　先行研究で十分に蓄積されていない研究上の空白域として，第 1 は，Kim et al.［2012］の研究で指摘されるように，所得移転を受ける側である子に焦点を当てた研究は，所得移転を行う側である親に焦点を当てた研究よりも，研究が手薄であることである。

　第 2 は，親から子への所得移転の決定要因として，収入水準や雇用形態など，子の経済的要因に注目する研究は多く蓄積されているが，いっぽうで，子の年金や奨学金要因に焦点を当てた研究は，国内外ともに殆ど焦点が当てられていない。特に，現在のわが国は，非正規雇用の拡大で，雇用労働者のうち，非正規雇用労働者の割合は，37.5％であり，3 人のうち 1 人以上は非正規雇用である（総務省統計局「平成28年労働力調査年報」）。また，厚生労働省［2016］「国民生活基礎調査」（平成28年度）から，全世帯の年収300万円未満の割合は 2 割を超えており，貯蓄がない世帯は14.9％，前年と比べて貯蓄が減った世帯は40.1％であり，その主な理由は「日常の生活費への支出」は67.6％，「入学金，結婚費用，旅行等の一時的な支出」は25.1％となっている。

　このような経済状況も反映し，若年世代を中心に，年金や奨学金を負担・返済できない若者が増加してきている。厚生労働省［2014］「平成26年国民年金被保険者実態調査　結果の概要」を参考にすると，2016年現在，皆年金の仕組みにもかかわらず，全国で，国民年金の未納者は約368万人，申請全額免除者数は約251万人，学生納付特例者は約179万人，若年者納付猶予者は約46万人である。国民年金加入者（第 1 号）の加入者全体の人数が約1,594万人であり，年金未納・免除・猶予者数の合計約844万人は，全体の約53％に達している。国民年金加入者（第 1 号）のうち，そのままでは老後に低年金・無年金になる割合が約半分を占めている。さらに，世帯の総所得金額は，国民年金納付者の場合は約516万円，国民年金未納者の場合は約300万円である。本人の総所得金額は，国民年金納付者の場合は約164万円，国民年金未納者の場合は約104万円である。

　また，日本学生支援機構の奨学金で 3 か月以上の滞納者は約16万人である（日本学生支援機構［2015］「平成 27 年度 奨学金の返還者に関する属性調査結果」）。

　不安定な非正規雇用と低収入などの場合，国民年金と奨学金の費用を支払った上で，自活していくことは，経済状況を厳しくするだろう。また，子による国民年金と奨学金の負担は，親から子への所得移転，資金援助に顕著に影響することも予想される。だが，これまでの先行研究では，海外の先行研究，国内の先行研究ともに，その影響を分析した研究は，ほぼ皆無である。

2-3　本章の目的

　そこで，本章では，全国の学生ではない20〜59歳の男女3,000サンプルのデータを用いて，親から子への定期的な資金援助に影響する要因について，これまでの先行研究では殆ど焦点の当てられることのなかった年金未納・奨学金滞納要因から分析することを主な研究目的とする。

3　方　　法

3-1　デ　ー　タ

　本章の分析で用いるデータは，筆者が独自に収集した全国のWeb調査データである。調査実施は，2017年9月である。調査票を筆者が作成し，外部の調査会社に調査委託した。調査対象は，20〜59歳の男女であり，3,000サンプルを回収した。学生は調査対象から除外した。調査実施に際しては，性別，年齢，エリアを分割し，総務省「住民基本台帳に基づく人口，人口動態及び世帯数（平成29年1月1日現在）」を参考にして，3,000サンプルを全国の人口比率の縮図になるように割り付けを行った。

3-2　アウトカム変数：
　　　親から子への仕送り（親からの定期的な資金援助の有無）

　アウトカム変数は，親からの定期的な資金援助の有無である。アンケート調査において，「親から，定期的に資金援助を受けている」かをたずね，「あてはまる」「あてはまらない」の2つの回答選択肢を設定した。

3-3　説明変数

　人口統計学的要因として，性別（男女），年齢（20〜29歳，30〜39歳，40〜

49歳，50～59歳），婚姻状況（既婚，未婚，離別・死別），子供人数（0人，1人，2人，3人，4人以上）を説明変数とした。

　社会経済的要因は，世帯年収（300万円未満，300～500万円未満，500万円以上），教育（中学校・高校卒，専修・専門学校・高専・短大卒，大学・大学院卒），雇用形態（正規雇用，非正規雇用，自営業・会社経営，無職）である。

　家計収支・年金・奨学金要因は，家計の月々の収支（支出超過している，支出超過していない），年金（国民年金保険料を支払っている，未納，免除・猶予，第3号被保険者，厚生年金加入，公的年金受給（障害・遺族年金）），奨学金返済状況（返済中，滞納，免除・猶予，全額返済済み，借りていない）に分類している。

3-4　統計分析

　本章の分析では，ロジットモデルを用いて，親からの定期的な資金援助の有無に影響する要因を分析した。親からの定期的な資金援助の有無について，オッズ比と95％信頼区間を算出した。アウトカム変数については，「親から，定期的に資金援助を受けている」かどうかについて，「あてはまる」と回答した場合は資金援助があるとし，値は1，「あてはまらない」と回答した場合は資金援助がないとし，値は0を設定した。

　以下のロジット分析においては，3つのモデルを用いた分析を行った。モデル1では，人口統計学的要因（性別，年齢，婚姻状況，子供人数）を調整した。モデル2では，社会経済的要因（世帯年収，教育，雇用形態）を調整した。モデル3では，さらに，家計収支・年金・奨学金要因を調整した。

4　分析結果：低収入・非正規雇用・年金未納・奨学金滞納の場合，資金援助が多い

　アンケート回答者の記述統計量は，表4-3に示している。サンプル数3,000，平均年齢は40.7歳（SD=10.4）である。性別は，男女それぞれ，50.8％，49.2％である。親からの定期的な資金援助は，受けているのは9.1％，受けていないのは90.9％である。

　図4-1～図4-8は，諸変数と，親からの定期的な資金援助とのクロス集計をまとめている。親から定期的な資金援助を受けている割合は，人口統計学的要因

表4-3 記述統計量 (N=3,000人)

	親からの定期的な資金援助				全体	
	受けている		受けていない			
	N=274人	%	N=2,726人	%	N=3,000人	%
性別						
男性	141	51.5	1,383	50.7	1,524	50.8
女性	133	48.5	1,343	49.3	1,476	49.2
年齢						
20〜29歳	71	25.9	540	19.8	611	20.4
30〜39歳	80	29.2	662	24.3	742	24.7
40〜49歳	84	30.7	830	30.4	914	30.5
50〜59歳	39	14.2	694	25.5	733	24.4
婚姻状況						
既婚	123	44.9	1,678	61.6	1,801	60.0
未婚	135	49.3	874	32.1	1,009	33.6
離婚	14	5.1	155	5.7	169	5.6
死別	2	0.7	19	0.7	21	0.7
子供人数						
0人	161	58.8	1,289	47.3	1,450	48.3
1人	43	15.7	515	18.9	558	18.6
2人	54	19.7	696	25.5	750	25.0
3人	15	5.5	191	7.0	206	6.9
4人以上	1	0.4	35	1.3	36	1.2
世帯年収						
300万円未満	100	36.5	523	19.2	623	20.8
300〜500万円未満	87	31.8	738	27.1	825	27.5
500〜700万円未満	36	13.1	613	22.5	649	21.6
700〜1,000万円未満	30	10.9	554	20.3	584	19.5
1,000万円以上	21	7.7	298	10.9	319	10.6
教育						
中学校・高校卒	91	33.2	795	29.2	886	29.5
専修専門学校・高専・短大卒	70	25.5	702	25.8	772	25.7
大学・大学院卒	113	41.2	1,229	45.1	1,342	44.7
雇用形態						
正社員	70	25.5	1,325	48.6	1,395	46.5
非正規雇用	84	30.7	597	21.9	681	22.7
自営業・会社経営	22	8.0	214	7.9	236	7.9
無職	98	35.8	590	21.6	688	22.9
家計の月々の収支						
支出超過している	147	53.6	863	31.7	1,010	33.7
支出超過していない	127	46.4	1,863	68.3	1,990	66.3
年金						
厚生年金(加入)	108	39.4	1,717	63.0	1,825	60.8
国民年金(支払っている)	73	26.6	490	18.0	563	18.8
国民年金(未納)	12	4.4	31	1.1	43	1.4
国民年金(免除・納付猶予)	52	19.0	153	5.6	205	6.8
国民年金(第3号被保険者)	17	6.2	285	10.5	302	10.1
公的年金受給(障害・遺族年金)	12	4.4	50	1.8	62	2.1
奨学金の返済状況						
返済中	26	9.5	251	9.2	277	9.2
滞納	5	1.8	5	0.2	10	0.3
免除・猶予	7	2.6	27	1.0	34	1.1
全額返済済み	20	7.3	232	8.5	252	8.4
借りていない	216	78.8	2,211	81.1	2,427	80.9
親からの定期的な資金援助						
受けている	274	100.0	0	0.0	274	9.1
受けていない	0	0.0	2,726	100.0	2,726	90.9

(出所) 佐々木 [2018b]。

図4-1　「年齢」×「親からの定期的な資金援助」

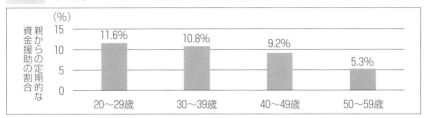

（出所）　図4-1～図4-8：佐々木［2018b］。

図4-2　「婚姻状況」×「親からの定期的な資金援助」

図4-3　「子供人数」×「親からの定期的な資金援助」

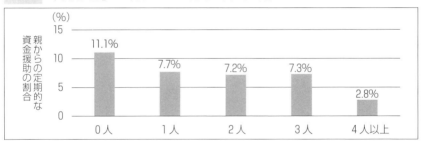

図4-4　「世帯年収」×「親からの定期的な資金援助」

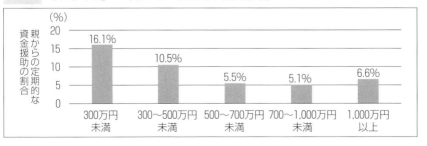

図4-5 「雇用形態」×「親からの定期的な資金援助」

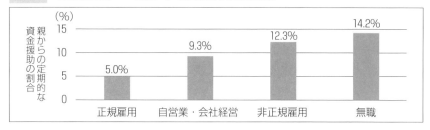

図4-6 「家計収支の支出超過」×「親からの定期的な資金援助」

図4-7 「年金種別」×「親からの定期的な資金援助」

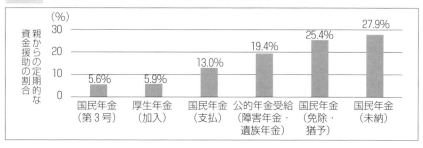

図4-8 「奨学金の返済状況」×「親からの定期的な資金援助」

については，年齢は，20～29歳，30～39歳，40～49歳，50～59歳は，それぞれ，11.6％，10.8％，9.2％，5.3％であり，低年齢ほど割合が高い。婚姻状況は，既婚，離別・死別，未婚の場合，それぞれ，6.8％，8.4％，13.4％であり，未婚の場合が割合が高い。子供人数は，人数が多い場合，親から定期的な資金援助を受けている割合は低い。社会経済的要因については，世帯年収が700～1,000万円未満，1,000万円以上の場合でも，親から定期的な資金援助を受けている割合はそれぞれ，5.1％，6.6％，存在している。雇用形態では，非正規雇用，無職の場合で，親から定期的な資金援助を受けている割合は高い。家計収支は支出超過がある場合で，親から定期的な資金援助を受けている割合は高い。年金については，免除・納付猶予と未納の場合，奨学金については，滞納の場合，親から定期的な資金援助を受けている割合は高い。

　表4-4は，親から子への定期的な資金援助の有無に関するロジット推定結果を示している。第1に，人口統計学的要因のうち，性別については，男性は女性よりも，親からの定期的な資金援助を受ける割合は有意に高い。年齢は，20代を基準とした場合，50代は，親からの定期的な資金援助を受ける割合は有意に低い。婚姻状況については，既婚を基準にすると，未婚の場合，統計的に有意ではないが，親からの定期的な資金援助を受ける割合は高い傾向がある。

　第2に，社会経済的要因のうち，世帯年収については，親からの定期的な資金援助を受ける割合は，500万円以上を基準にすると，300万円未満，300～500万円未満の場合，有意に高い。教育は，中学校・高校卒を基準にすると，専修専門学校・高専・短大卒，大学・大学院卒の場合，親からの定期的な資金援助を受ける割合は，統計的に有意ではないが，高い傾向がある。雇用形態は，非正規雇用，無職の場合，正規雇用の場合よりも，親から定期的に資金援助を受けている。家計の月々の収支状況は，支出超過していない場合よりも，支出超過している場合のほうが，親からの定期的な資金援助を受けている。

　第3に，年金要因は，厚生年金加入の場合を基準にすると，国民年金の未納（オッズ比3.09，95％信頼区間1.41-6.81），免除・納付猶予（オッズ比2.60，95％信頼区間1.62-4.17）の場合，親からの定期的な資金援助を受ける割合は有意に高い。第4に，奨学金要因は，奨学金の滞納の場合，親からの定期的な資金援助を受ける割合は顕著に高い。

表4-4　親から子への定期的な資金援助の有無に関するロジット推定結果（N＝3,000人，全サンプル）

	モデル1		モデル2		モデル3	
	オッズ比	95%信頼区間	オッズ比	95%信頼区間	オッズ比	95%信頼区間
性別（基準：女性）						
男性	0.92	(0.72−1.19)	1.53**	(1.12−2.08)	1.41*	(1.03−1.94)
女性	1.00		1.00		1.00	
年齢（基準：20〜29歳）						
20〜29歳	1.00		1.00		1.00	
30〜39歳	1.13	(0.79−1.60)	1.12	(0.78−1.60)	1.23	(0.84−1.80)
40〜49歳	0.99	(0.69−1.41)	1.00	(0.69−1.44)	1.03	(0.70−1.52)
50〜59歳	0.57*	(0.37−0.88)	0.51**	(0.33−0.80)	0.51**	(0.31−0.82)
婚姻状況（基準：既婚）						
既婚	1.00		1.00		1.00	
未婚	2.35**	(1.53−3.60)	1.93**	(1.23−3.05)	1.55	(0.98−2.47)
離婚・死別	1.44	(0.83−2.51)	1.24	(0.69−2.23)	0.89	(0.49−1.63)
子供人数（基準：0人）						
0人	1.00		1.00		1.00	
1人	1.24	(0.77−2.00)	1.22	(0.75−1.98)	1.10	(0.68−1.80)
2人	1.28	(0.80−2.05)	1.43	(0.89−2.30)	1.31	(0.81−2.13)
3人	1.34	(0.70−2.57)	1.47	(0.76−2.84)	1.45	(0.74−2.82)
4人以上	0.42	(0.06−3.19)	0.37	(0.05−2.83)	0.28	(0.04−2.16)
世帯年収（基準：500万円以上）						
300万円未満			2.02**	(1.41−2.88)	1.47*	(1.02−2.13)
300〜500万円未満			1.64**	(1.19−2.27)	1.45*	(1.04−2.02)
500万円以上			1.00		1.00	
教育（基準：中学校・高校卒）						
中学校・高校卒			1.00		1.00	
専修専門学校・高専・短大卒			1.04	(0.73−1.46)	1.17	(0.82−1.67)
大学・大学院卒			1.11	(0.81−1.51)	1.32	(0.94−1.84)
雇用形態（基準：正規雇用）						
正規雇用			1.00		1.00	
非正規雇用			2.77**	(1.91−4.03)	2.17**	(1.42−3.31)
自営業・会社経営			1.99**	(1.19−3.34)	1.37	(0.76−2.49)
無職			4.06**	(2.80−5.89)	2.98**	(1.88−4.70)
家計の月々の収支（基準：超過していない）						
支出超過している					2.33**	(1.78−3.05)
支出超過していない					1.00	
年金（基準：厚生年金（加入））						
厚生年金（加入）					1.00	
国民年金（支払っている）					1.57*	(1.05−2.33)
国民年金（未納）					3.09**	(1.41−6.81)
国民年金（免除・納付猶予）					2.60**	(1.62−4.17)
国民年金（第3号被保険者）					0.67	(0.37−1.21)
公的年金受給（障害・遺族年金）					1.86	(0.87−3.98)
奨学金の返済状況（基準：返済中）						
返済中					1.00	
滞納					5.27*	(1.24−22.48)
免除・猶予					1.54	(0.55−4.28)
全額返済済み					0.96	(0.50−1.86)
借りていない					1.15	(0.71−1.86)
定数項	0.07**		0.02**		0.01**	

**，*は，それぞれ1％，5％水準で有意。
（出所）　佐々木［2018b］。

5　考察：雇用・社会保障全体等の視点からの
　　社会的対応の重要性

　日本全国20～59歳の男女3,000サンプルのデータを用いた本章の分析結果から，親からの定期的な資金援助を受ける割合は，性別（男性），低所得，非正規雇用，無職，国民年金の未納，免除・猶予，奨学金の滞納の場合，高いことが明らかになった。現役世代，若年世代の苦しい経済状況を，親からの定期的な資金援助が支えている実態が，親からの視点ではなく，子からの視点，子に焦点を当てた調査データ分析から，明らかになった。

　人口統計学的要因については，McGarry et al.［2016］などの先行研究では，親から所得移転を受ける確率が高い成人した子の特徴として，女性よりも男性，より低年齢，子供の人数が多いこと，未婚，離婚であることが示されている。本章の分析では，女性よりも男性の場合，親からの定期的な資金援助を受ける確率は高く，先行研究の分析結果と整合的な結果が得られている。

　社会経済的要因については，本章の分析では，子の世帯年収が低く，非正規雇用の場合，親からの定期的な資金援助を受ける確率は有意に高いことが明らかになった。これらの結果は，McGarry et al.［2016］等の先行研究と整合的である。

　年金・奨学金要因については，これまでの社会経済的要因に注目したMcGarry et al.［2016］，Akin et al.［2015］などの先行研究では，親の社会経済的要因として，収入，雇用形態などにしか注目してこなかった。資金援助をするサイドの親については，年金給付・社会保障が充実するほど，子への資金援助が多くなることを示したBrandt and Deindl［2013］などの研究があるが，子の年金・奨学金に注目した先行研究はほぼ皆無である。本章の分析から，年金・奨学金要因は，親からの定期的な資金援助を受ける割合に顕著に影響していることが示された。しかも，社会経済的要因を考慮してもなお，影響することが示された。

　低所得，非正規雇用，年金未納，奨学金滞納の人々ほど，親からの定期的な資金援助を受ける傾向が高いことを踏まえると，親からの資金援助で支えきれなくなったとき，大きな経済・社会問題となることが考えられる。親子間だけで支えることには限界が大きいため，雇用や社会保障全体の枠組みなどから対

策を講じる必要が高いと考えられる。

6　ま　と　め

　本章の分析では，年金未納・奨学金滞納等の要因は，親子間の定期的な資金援助に顕著に影響していることを明らかにした。今後，親子間の所得移転の解明にあたっては，これまでの先行研究が焦点を当ててきた低所得・非正規雇用要因に加え，年金未納・奨学金滞納要因にも注目した研究がいっそう重要であると考えられる。

第 2 部

年金リテラシーの研究

-年金知識不足と低年金・老後生活資金不足のリスク-

第5章

新型コロナ問題と
年金リテラシー不足・低年金リスク

1　新型コロナ問題が年金制度に投げかける諸課題

　新型コロナ問題は，家計の健康面・経済面の影響だけにとどまらず，国の年金運営や家計の年金行動にも影響を及ぼすことが考えられる。

　国全体の年金運営の面については，日本の年金制度は，主に賦課方式の仕組みで運営されており，その時々の現役世代の年金保険料が，そのときどきの高齢世代の年金給付を支えている。新型コロナ問題によって，現役世代が就業機会や家計収入の低下に直面した場合，現役世代は経済的余裕がなくなることで，年金保険料の負担力が低下し，年金制度を支えきれなくなり，国の年金財政運営はいっそう厳しくなることが考えられる。年金財政運営の悪化は，老後生活資金2000万円不足問題，老後経済不安も増幅しやすい。

　家計の年金行動への影響については，老後の低年金につながる年金選択行動の増加が考えられる。年金負担を一時的に軽減するために，国民年金保険料の免除・納付猶予の利用増加，生涯に30％年金減額になってでも通常受給年齢65歳よりも早く年金を受給したいために，60歳年金繰上げ受給の利用増加が考えられる。免除・納付猶予制度は，障害年金と遺族年金の保障対象になることなどから非常に重要な制度であるものの，その後に追納しなければ，老後は年金減額になるため，十分な年金知識を保有したうえで，利用を慎重に検討する必要がある。

　年金は，保険の1つであり，長寿社会における老後の経済的リスクをカバー

する保険である。保険には，生命保険，医療保険，自動車保険，火災保険，地震保険など，様々な種類がある。保険のなかでも，特に年金は，支払いと受給が長期に及ぶこと，若い世代にとって年金受給は数十年以上先の遠い将来であり，負担に対応するメリットを実感しにくいことなど，仕組みが複雑で分かりにくい。学校などの教育現場でも，体系的に年金制度を学習する機会は乏しい。

　複雑で分かりにくい年金制度，乏しい年金知識のもとで，新型コロナ問題により，家計が収入低下に直面した場合，老後の低年金リスクの十分な自覚がないまま，低年金に直結しやすい国民年金保険料の免除・納付猶予制度の利用増加，60歳繰上げ受給の利用増加が考えられる。

　本章の目的は，主に2つある。第1は，老後の低年金につながりやすい国民年金保険料の免除・納付猶予・未納者に焦点を当て，無貯蓄の割合，老後資金無計画の割合が顕著に高いかどうかを分析することで，公的年金の面だけではなく，私的資産形成の面でも，老後資金準備が脆弱かどうかを明らかにすることである。第2は，老後の低年金に直結しやすい免除・納付猶予の利用と年金減額，60歳繰上げ受給と年金減額に関する年金知識水準の実態について，調査・分析することである。これらの主要な年金知識は低い状況にあること，新型コロナ問題で家計経済力が低下しやすい状況では，年金減額リスクの十分な認識のない状況で，低い年金知識から免除・納付猶予・60歳繰上げ受給が選択されやすい可能性が高いことを分析する。

2　先行研究

2-1　新型コロナ問題と家計をとりまく雇用・経済面の現況

　新型コロナ問題が生じて以降，家計の経済面は，雇用の点などから，収入低下になりやすい状況が続いている。具体的には，有効求人倍率，休業者数など，家計収入に直結する就業・仕事にかかわる諸指標において，変化が生じてきている。表5-1のとおり，「一般職業紹介状況（令和3年3月分及び令和2年度分について（参考統計表4））」（厚生労働省）によると，2020年1月には1.51倍であった有効求人倍率は，その後，下降傾向が続き，2020年12月には1.05倍にまで減少している。

　休業者数についても，大きな変動が生じている。「労働力調査（追加参考

表5-1　有効求人倍率・休業者数・完全失業率の推移

2020年	有効求人倍率	休業者数	完全失業率
1月	1.51倍	194万人	2.4%
2月	1.45倍	196万人	2.4%
3月	1.40倍	249万人	2.5%
4月	1.30倍	597万人	2.6%
5月	1.18倍	423万人	2.8%
6月	1.12倍	236万人	2.8%
7月	1.09倍	220万人	2.9%
8月	1.05倍	216万人	3.0%
9月	1.04倍	197万人	3.0%
10月	1.04倍	170万人	3.1%
11月	1.05倍	176万人	3.0%
12月	1.05倍	202万人	3.0%

(注) 有効求人倍率は，季節調整値（含パート）。休業者数は原数値。完全失業率は季節調整値。

(出所) 有効求人倍率は，「一般職業紹介状況（令和3年3月分及び令和2年度分について（参考統計表4））」（厚生労働省）。休業者数は，「労働力調査（追加参考表）（令和3年4月30日）」（総務省統計局）。完全失業率は，「労働力調査（基本調査）」（2021年）（総務省統計局）。

表5-2　職業別有効求人倍率：2021年3月

	常用（含パート）			常用（除パート）		
	有効求人	有効求職	有効求人倍率	有効求人	有効求職	有効求人倍率
職業計	200万9,873	196万5,570	1.02倍	128万1,184	124万9,217	1.03倍
管理的職業	8,227	7,329	1.12倍	7,858	6,549	1.20倍
専門的・技術的職業	44万8,525	25万7,266	1.74倍	31万7,409	18万6,263	1.70倍
事務的職業	19万5,424	50万6,143	0.39倍	11万1,076	33万9,510	0.33倍
販売の職業	19万4,693	12万9,539	1.50倍	12万9,941	8万9,006	1.46倍
サービスの職業	46万7,301	20万1,057	2.32倍	22万7,528	11万4,821	1.98倍
保安の職業	7万2,019	1万2,196	5.91倍	4万6,161	7,832	5.89倍
農林漁業の職業	1万8,419	1万4,184	1.30倍	1万647	9,045	1.10倍
生産工程の職業	19万1,571	13万8,448	1.38倍	15万1,911	10万7,592	1.41倍
輸送・機械運転の職業	11万9,170	6万5,229	1.83倍	9万7,274	5万2,354	1.86倍
建設・採掘の職業	12万2,974	2万4,979	4.92倍	11万9,951	2万2,495	5.33倍
運搬・清掃・包装等の職業	17万1,550	26万9,108	0.64倍	6万1,428	11万3,328	0.54倍
分類不能の職業	−	34万92	0.00倍	−	20万422	0.00倍

(出所)「一般職業紹介状況（令和3年3月分及び令和2年度分について（参考統計表7-1，参考統計表8-1））」（厚生労働省）。

表）（令和 3 年 4 月30日）」（総務省統計局）から，2020年 1 月から12月までの休業者数の推移をみると，休業者数は，2020年 3 月以降は大きく変動している。2020年 3 月には249万人，4 月には597万人に増加した。2020年 9 月は197万人，12月には202万人の休業者数となっている。完全失業率は，増加傾向や不安定な状況がみられる。また，**表5-2**のとおり，2021年 3 月の職業別有効求人倍率は，職業ごとで大きく異なっている。

2-2　老後資金準備と年金知識・金融知識の先行研究

　長寿社会では，人生のライフサイクル全体に占める老後期間のウェイトが大きくなり，老後に必要な生活資金総額はその分だけ大きくなる。しかし，Lusardi et al.［2020］などの研究を参考にすると，退職時点が近づいたとき，十分な老後資産を準備できていない家計が多くみられる。また，Lusardi et al.［2017］は，様々な不確実性がある世界で保険市場も不完全な場合，生涯の資源を効率よく配分するうえで金融知識は重要であること，アメリカでは資産格差の約30〜40％は金融知識で説明できることを示している。さらに，Van Rooij et al.［2011］は，金融知識を多くもつ人々は，老後資金計画を立てる傾向が顕著に高いことを明らかにしている。金融知識は，老後資産形成や老後資金準備意識の面において，重要であることが示唆されている。

　金融知識の測定尺度については，Klapper and Lusardi［2020］は，基本的な計算力，金利の複利の知識，インフレに伴う購買力の知識，投資のリスク分散の 4 項目に着目している。Klapper and Lusardi［2020］，Lusardi and Mitchell［2014b］などの研究から，金融知識が低い人々の特徴は，男性よりも女性，低所得者，教育水準が低いことであることが示されている。

　金融知識が不十分な場合，保有資産が少なく，老後資金計画を立てる割合が低い傾向があるだけではなく，有利で最適な金融行動を選択できない傾向が顕著であることが先行研究から示されている。Klapper and Lusardi［2020］の研究は，クレジットカードなどの金融商品では，複雑な取引条件が多いこと，複雑な取引内容をもつ金融商品の増大は，金融知識の低い個人の金融リスクを高めるため，金融知識の向上が重要であることを指摘している。

　また，Fong et al.［2021］は，クレジットカード滞納の影響要因を明らかにしている。Fong et al.［2021］によると，金融リテラシーが高いこと，女性であること，純資産が多いことは，クレジットカードの滞納率が低いことを明ら

かにしている。Hamid and Loke［2021］もクレジットカード滞納率の研究を行っており，金融リテラシーが高いこと，高所得であることは，クレジットカード滞納率が低いことを明らかにしている。

　さらに，Irami and Lutfi［2021］は，金融知識が高い場合，金融上の幸福度が高いことを明らかにしている。Irami and Lutfi［2021］は，金融上の幸福度を，快適に生活するために個人が十分な資源を保有している状態と捉えている。金融上の幸福度の具体的な指標は，金融上のストレス，満足度，快適さ，心配，信頼で測定している。そのうえで，高い金融知識に加えて，年金・保険・資産運用商品等の金融商品の加入・保有，高い月収と資産は，金融上の高い幸福度と顕著に関連していることを明らかにしている。同研究では，2020年の新型コロナ問題の発生により，金融上の幸福度の影響要因にどのような変化が生じたのかを明らかにする研究の重要性を指摘している。

　このように，金融領域では，金融知識が少ない場合，最適な金融行動が選択されにくく，老後資産準備は進みにくいことが示されている。年金の意思決定でも，年金制度は複雑で長期的な視点が必要であることなどから，最適な年金行動を選択するためには，年金制度に関する様々な年金知識の保有が前提条件になると考えられる。年金領域でも金融領域と同様の傾向が示される場合，年金知識不足は，最適ではない年金行動や，老後の経済困窮につながる年金行動が選択されやすいことが推測される。

　具体的には，新型コロナ問題で家計の収入や雇用が厳しくなる中で，年金負担力が低下する場合は，老後の低年金につながる免除・納付猶予の利用が増加することが考えられる。また，年金受給を65歳や70歳まで待つだけの経済的余裕が低下すれば，生涯，年金減額30％になる60歳繰上げ受給の利用が増加することが考えられる。

　金融知識と資産形成・老後資金計画に関する先行研究は多く蓄積されている一方で，個人が保有する年金知識量の実態や年金知識量の影響要因，年金と老後資金計画の関連に関する研究は，殆ど蓄積されていない。

　平均で老後収入源の約6割が公的年金で支えられているため，低年金は，老後の貧困に直結しやすい。低年金になりやすい国民年金の免除・猶予猶予・年金未納者について，無貯蓄者の割合が顕著に高く，私的資産形成も脆弱であるかどうか，老後資金計画の無計画の割合が高いかどうかを分析することが重要である。さらに，国民年金保険料の免除・納付猶予の利用，60歳繰上げ受給の

利用は年金減額につながりやすいことなど，年金受給額にかかわる重要な年金
知識項目について，年金知識不足の実態を調査・分析することが重要である。

3　国民年金保険料の免除・納付猶予・未納と　　無貯蓄・老後資金無計画の分析

3-1　方　　法

3-1-1　デ　ー　タ

　本章で使用するWebアンケート調査データは，筆者が調査票を作成し，収
集したデータである。調査の実施については，外部の調査会社に委託している。
Webアンケート調査は，2020年3月に実施した。調査対象は，日本全国の20
〜59歳の男女1,600名である。学生は，調査対象から除外している。収集した
調査サンプル数は1,600，使用サンプル数は1,600である。

3-1-2　アウトカム変数

　アウトカム変数については，第1は，無貯蓄かどうかである。第2は，老後
資金計画の有無である。
　無貯蓄かどうかについては，保有する世帯金融資産が0円に該当するかどう
かで分類している。老後資金計画の有無については，アンケート回答者に老後
の資金計画を立てているかどうかをたずね，あてはまる，ややあてはまる，あ
まりあてはまらない，あてはまらないと回答した場合は，それぞれ，老後資金
計画を計画している，やや計画している，あまり計画していない，計画してい
ないとした。計画している，やや計画している場合は，老後資金計画があるも
のと分類し，あまり計画していない，計画していない場合は，老後資金計画が
ないものと分類している。

3-1-3　主要な予測因子

　主要な予測因子は，公的年金の加入納付状況である。公的年金の加入納付状
況は，厚生年金加入者，国民年金加入者，さらに，国民年金加入者については，
国民年金保険料の納付，免除・納付猶予，未納，第3号被保険者に分類してい
る。

3-1-4　共変量

　共変量は，人口統計学的要因，社会経済的要因である。人口統計学的要因のうち，性別は男女，年齢は，20〜29歳，30〜39歳，40〜49歳，50〜59歳に分類している。婚姻状況は，既婚，未婚，離婚・死別に分類している。

　社会経済的要因のうち，世帯年収は，300万円未満，300〜500万円未満，500万円以上に分類している。学歴は，中学校・高校卒，専門学校・短大等卒，大学・大学院卒に分類している。雇用形態は，正社員，非正規雇用，自営業・会社経営，無職に分類している。

　さらに，老後資金計画の有無の分析については，世帯金融資産を共変量に含めており，世帯金融資産は，300万円未満，300〜500万円未満，500万円以上に分類している。

3-1-5　統計分析

　本章では，無貯蓄の要因分析，および，老後資金計画の有無についての分析を行う。オッズ比と95%信頼区間を算出するため，ロジスティック回帰モデルを用いて分析した。無貯蓄の要因分析では，家計の保有する金融資産が0円の場合は1，0円に該当しない場合は0の2値変数である。老後資金計画の有無の要因分析については，老後資金計画がある場合は1，ない場合は0の2値変数である。

3-2　分析結果：年金未納者は無貯蓄率が高く，老後資金の計画率が低い

3-2-1　記述統計量

　表5-3は，アンケート回答者の記述統計量を示している。データ分析の使用サンプル数は1,600である。性別は，男性は50.0%，女性は50.0%である。世帯金融資産は，0円は15.9%，300万円未満は32.0%，300〜500万円未満は13.5%，500万円以上は38.6%である。

　公的年金の加入納付状況は，国民年金加入者の納付は18.8%，免除・納付猶予は7.7%，年金未納は1.8%，第3号被保険者は7.0%，厚生年金加入は64.8%である。

　老後資金計画は，計画しているケースは20.4%，やや計画しているケースは29.8%，あまり計画していないケースは31.1%，計画していないケースは18.6%である。

表5-3　記述統計量（N=1,600人）

	N	%		N	%
性別			公的年金の加入納付状況		
男性	800	50.0	国民年金（納付）	300	18.8
女性	800	50.0	国民年金（免除・納付猶予）	123	7.7
年齢			国民年金（未納）	29	1.8
平均年齢（SD）	40.1歳	(SD=10.8)	国民年金（第3号被保険者）	112	7.0
20～29歳	400	25.0	厚生年金（加入）	1,036	64.8
30～39歳	400	25.0	老後の資金計画		
40～49歳	400	25.0	計画している	327	20.4
50～59歳	400	25.0	やや計画している	477	29.8
婚姻状況			あまり計画していない	498	31.1
既婚	773	48.3	計画していない	298	18.6
未婚	712	44.5	年金リテラシー1：		
離婚	101	6.3	〈全額免除の年金減額の知識〉		
死別	14	0.9	全部受け取れる	502	31.4
世帯年収			一部を受け取れる（正解）	649	40.6
300万円未満	407	25.4	受け取れない	449	28.1
300～500万円未満	403	25.2	年金リテラシー2：		
500万円以上	790	49.4	〈納付猶予の年金減額の知識〉		
世帯金融資産			全部受け取れる	253	15.8
0円	254	15.9	一部を受け取れる	812	50.8
300万円未満	512	32.0	受け取れない（正解）	535	33.4
300～500万円未満	216	13.5	年金リテラシー3：		
500万円以上	618	38.6	〈60歳繰上げ受給の年金減額率の知識〉		
学歴			10%減額	450	28.1
中学校・高校卒	450	28.1	20%減額	555	34.7
専門学校・短大等卒	397	24.8	30%減額（正解）	432	27.0
大学・大学院卒	753	47.1	40%減額	65	4.1
雇用形態			50%減額	98	6.1
正社員	839	52.4	年金リテラシー4：		
非正規雇用	332	20.8	〈70歳繰下げ受給の年金増額率の知識〉		
自営業・会社経営	100	6.3	12%増額	533	33.3
無職	329	20.6	22%増額	509	31.8
			32%増額	347	21.7
			42%増額（正解）	119	7.4
			52%増額	92	5.8

（出所）　佐々木［2021b］。

表5-4　無貯蓄に関するロジット推定結果（N=1,600人）

	オッズ比	95%信頼区間	有意確率
性別（基準：女性）			
男性	0.80	(0.58, 1.12)	0.194
女性	1.00		
年齢（基準：20〜29歳）			
20〜29歳	1.00		
30〜39歳	0.75	(0.50, 1.11)	0.152
40〜49歳	0.75	(0.50, 1.13)	0.171
50〜59歳	0.56*	(0.35, 0.87)	0.011
婚姻状況（基準：既婚）			
既婚	1.00		
未婚	0.84	(0.59, 1.22)	0.363
離婚・死別	0.89	(0.51, 1.56)	0.693
世帯年収（基準：500万円以上）			
300万円未満	4.58**	(3.07, 6.81)	<0.001
300〜500万円未満	2.07**	(1.39, 3.08)	<0.001
500万円以上	1.00		
学歴（基準：大学・大学院卒）			
中学校・高校卒	1.74**	(1.21, 2.49)	0.003
専門学校・短大等卒	1.45	(0.98, 2.13)	0.060
大学・大学院卒	1.00		
雇用形態（基準：正社員）			
正社員	1.00		
非正規雇用	1.20	(0.78, 1.82)	0.405
自営業・会社経営	0.59	(0.27, 1.30)	0.193
無職	1.34	(0.84, 2.12)	0.215
公的年金の加入納付状況（基準：厚生年金（加入））			
国民年金（納付）	0.86	(0.56, 1.34)	0.512
国民年金（免除・納付猶予）	1.89*	(1.12, 3.18)	0.017
国民年金（未納）	3.09*	(1.29, 7.39)	0.011
国民年金（第3号被保険者）	0.83	(0.45, 1.52)	0.540
厚生年金（加入）	1.00		
定数項	0.09**		<0.001

**，*は，それぞれ1％，5％水準で有意。
（出所）　佐々木［2021b］。

3-2-2　無貯蓄と国民年金保険料の免除・納付猶予・未納

　表5-4は，無貯蓄の要因についてのロジット推定結果を示している。世帯年収については，500万円以上を基準にすると，300万円未満の場合，無貯蓄になりやすい。学歴は，大学・大学院卒を基準にした場合，中学校・高校卒は，無貯蓄の割合は有意に高い。

　公的年金の加入納付状況については，厚生年金加入者を基準にすると，国民

図5-1　「無貯蓄」と公的年金加入納付状況（N=1,600人）

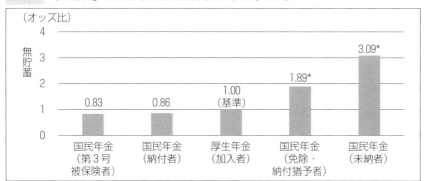

※人口統計学的要因（性別，年齢，婚姻状況），社会経済的要因（世帯年収，学歴，雇用形態）を調整したうえで，統計解析を行っている。
*は 5 ％水準で有意。
（出所）　佐々木［2021b］。

年金保険料の免除・納付猶予者，年金未納者は，無貯蓄の割合は顕著に高い（**図5-1**参照）。

3-2-3　老後資金の無計画と国民年金保険料の免除・納付猶予・未納

　表5-5は，老後資金の無計画についてのロジット推定結果を示している。20代を基準にすると，40代，50代は，老後資金の無計画の割合が高い。世帯金融資産は，500万円以上を基準にすると，300万円未満，300～500万円未満の場合，老後資金を計画していない傾向が高い。雇用形態は，正社員を基準にすると，非正規雇用，無職の場合，老後資金の無計画の傾向が高い。

　公的年金の加入納付状況は，厚生年金加入者を基準にすると，国民年金未納者は，老後資金の無計画が有意に高い。また，国民年金保険料の免除・納付猶予者は，統計的に有意ではないが，老後資金の無計画が高い傾向がある（**図5-2**参照）。

　本章の分析結果より，国民年金保険料の免除・納付猶予・未納者は，無貯蓄の割合が顕著に高く，未納者は，老後資金の無計画の割合も顕著に高いことが明らかになった。年金未納は，公的年金の面だけではなく，私的老後準備の面でも，脆弱な状態にあることが示された。

表5-5　老後資金の無計画に関するロジット推定結果（N=1,600人）

	オッズ比	95%信頼区間	有意確率
性別（基準：女性）			
男性	1.09	(0.85, 1.38)	0.502
女性	1.00		
年齢（基準：20〜29歳）			
20〜29歳	1.00		
30〜39歳	1.25	(0.93, 1.68)	0.145
40〜49歳	1.57**	(1.15, 2.15)	0.005
50〜59歳	2.36**	(1.70, 3.28)	<0.001
婚姻状況（基準：既婚）			
既婚	1.00		
未婚	1.58**	(1.22, 2.05)	0.001
離婚・死別	1.18	(0.76, 1.82)	0.460
世帯年収（基準：500万円以上）			
300万円未満	1.11	(0.80, 1.55)	0.518
300〜500万円未満	1.15	(0.87, 1.52)	0.312
500万円以上	1.00		
世帯金融資産（基準：500万円以上）			
300万円未満	2.13**	(1.63, 2.79)	<0.001
300〜500万円未満	1.64**	(1.16, 2.30)	0.005
500万円以上	1.00		
学歴（基準：大学・大学院卒）			
中学校・高校卒	1.16	(0.89, 1.52)	0.259
専門学校・短大等卒	1.03	(0.79, 1.35)	0.828
大学・大学院卒	1.00		
雇用形態（基準：正社員）			
正社員	1.00		
非正規雇用	1.52*	(1.10, 2.09)	0.011
自営業・会社経営	1.16	(0.70, 1.91)	0.558
無職	1.99**	(1.40, 2.84)	<0.001
公的年金の加入納付状況（基準：厚生年金（加入））			
国民年金（納付）	0.81	(0.59, 1.13)	0.214
国民年金（免除・納付猶予）	1.31	(0.82, 2.12)	0.261
国民年金（未納）	3.30*	(1.07, 10.22)	0.038
国民年金（第3号被保険者）	1.00	(0.64, 1.56)	0.984
厚生年金（加入）	1.00		
定数項	0.24**		<0.001

**，*は，それぞれ1%，5%水準で有意。
（出所）佐々木［2021b］。

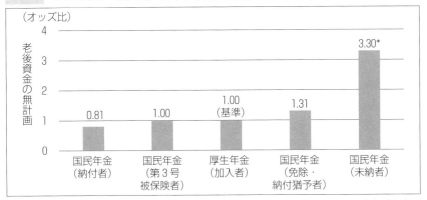

図5-2　「老後資金の無計画」と公的年金加入納付状況（N=1,600人）

※人口統計学的要因（性別，年齢，婚姻状況），社会経済的要因（世帯年収，世帯金融資産，学歴，雇用形態）を調整したうえで，統計解析を行っている。
*は，5％水準で有意。
（出所）　佐々木［2021b］。

4　新型コロナ問題と年金知識不足，老後の低年金問題

　国民年金保険料の免除・納付猶予の利用は，年金減額につながりやすい。また，通常の65歳受給まで待たず，60歳から早く年金繰上げ受給をした場合には生涯にわたり30％年金減額になる。年金受給額にかかわる重要な年金知識は，どのくらい年金知識不足の実態があるのかについて，調査・分析を行う。

4-1　主に20〜59歳の現役世代への影響：免除利用と年金知識不足

4-1-1　家計収入低下と国民年金保険料の免除・納付猶予の利用

　主に20〜59歳の現役世代の場合，新型コロナ問題による年金行動への影響として，国民年金保険料の免除・納付猶予利用の増加が考えられる。家計の経済状況が苦しい場合，免除・納付猶予を利用することで，一時的に家計負担を小さくすることができ，障害年金や遺族年金の保障を受けることができる。だが，免除・納付猶予を利用すると，その後に追納しなければ，老後の年金額は，減額になる。平均で老後収入源の6割以上が公的年金で支えられているため，年金減額は，老後の低収入に直結しやすい。追納分と，追納時点での年金保険料の負担が重なるなど，追納は容易ではない。

4-1-2　免除・納付猶予の利用は老後の年金減額につながる

　現役時点の今の生活を優先するか，少し無理をしてでも免除・納付猶予を利用せず，納付するほうがよいか。生涯の消費からの満足を最大化し，有意義な生涯消費生活を送るには，免除を利用したほうがよいかどうか，最適な年金行動を選択するだけの年金知識を保有することが前提条件になると考えられる。生涯収入と生涯消費の配分・構成，老後資金計画，年金知識を十分に確保したうえで，免除・納付猶予の利用の有無を検討する必要がある。

4-1-3　免除・納付猶予の利用と老後の年金減額についての年金知識不足

　国民年金保険料は，全額免除を受けた場合，その後に追納しなければ，免除を受けた期間に対応する老後の年金額は，半分，年金減額になる。また，納付猶予を受けた場合，その後の追納がなければ，納付猶予を受けた期間に対応する老後の年金額は，ゼロになる。

　筆者が2020年3月に実施したWebアンケート調査では，クイズ形式で，全額免除利用による年金減額，納付猶予の利用による年金ゼロについて，年金知識不足の実態を調査した。

　図5-3のとおり，調査結果から，全額免除を受けて追納しない場合，全額を受け取れると誤って認識している割合は31.4％である。部分的にしか受け取れないと正しく理解する割合は40.6％にとどまった。また，図5-4のとおり，納付猶予を受けて追納しない場合，全額受け取れると誤解している割合は15.8％，一部を受け取れると誤解している割合は50.8％である。約7割近くが誤解している。受け取れないことを正しく理解する割合は，33.4％にとどまることが示された。

4-1-4　年金知識不足から免除利用が増加する可能性

　本章の調査・分析から，国民年金保険料の免除・納付猶予による年金減額の知識は，非常に低い。これらの結果を踏まえると，免除・納付猶予の利用が老後の年金減額につながりやすいことを理解しないまま，免除や納付猶予を利用しているケースが少なくないことが示唆される。生涯の老後資金計画，年金行動の最適化が行えておらず，現役時の免除・納付猶予の利用をあとから後悔することも考えられる。

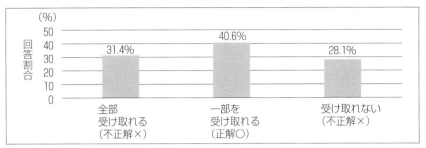

図5-3　国民年金保険料の全額免除の場合，老後の年金はどうなるか？
（追納しない場合。全額免除に対応する部分の年金給付）（N=1,600人）

（出所）　佐々木［2021b］。

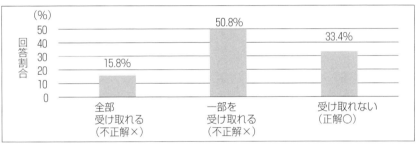

図5-4　国民年金保険料の納付猶予の場合，老後の年金はどうなるか？
（追納しない場合。納付猶予に対応する部分の年金給付）（N=1,600人）

（出所）　佐々木［2021b］。

4-2　主に60歳以上の年金受給世代への影響：
　　　60歳繰上げ受給と年金知識不足

4-2-1　家計収入低下と60歳繰上げ受給の利用

　新型コロナ問題により，有効求人倍率が低下すると，高齢就労機会は減少することも考えられる。「2019年国民生活基礎調査の概況」（厚生労働省）によると，2018年では，平均で，老後収入源の63.6％が公的年金で支えられている。次に多いのが，稼働所得である。稼働所得は，高齢者世帯の老後収入源のうち，23.0％を支えている。新型コロナ問題に伴う高齢就労機会の低下や低下予想は，高齢就労所得を重視しているケースにおいて，老後資金計画の見直しを迫られることになる。

　当初は，65歳や70歳まで，高齢就労所得や個人貯蓄取り崩しにより，年金受給開始年齢を65歳や70歳に遅らせることを計画していた家計であっても，60歳から早く受給しようとする年金行動が誘発されやすくなると考えられる。

4-2-2　60歳年金繰上げ受給の利用は生涯にわたり年金減額

　現行の公的年金制度は，65歳から年金を受給するのが基本である。だが実際には，年金保険料納付期間と免除等の合計年数が10年間以上という受給資格要件を満たせば，60～70歳までの間に，老後の年金受給開始年齢を個人が自由に選択することができる。

　65歳から受給する年金月額を基準とすると，65歳よりも早く受け取る繰上げ受給は，年金減額になる。また，65歳よりも遅らせる繰下げ受給は，年金増額になる。60歳に早く年金を受け取る場合，年金月額は，生涯，30％，減額になるが，５年間分，早く，長く，受給できる。70歳に年金受給を遅らせた場合，年金月額は，生涯，42％，増額になる。

　厚生労働省「令和元年度 厚生年金保険・国民年金事業の概況」によると，国民年金受給権者の場合，令和元年度末現在，主に66～70歳に年金を遅らせる繰下げ受給を選択する割合は，わずか，1.6％である。主に60～64歳に年金を早く繰上げ受給する割合は，29.5％である。主に65歳から受給する本来受給は，68.9％である。国民年金受給権者の大半は，65歳からの本来受給，または，65歳よりも早く受け取る繰上げ受給を選択している。

4-2-3　年金知識不足：年金減額と年金増額の過小評価

　筆者が2020年３月に実施したWebアンケート調査では，65歳から受給した場合の年金月額を基準にすると，60歳に繰上げ受給した場合，年金月額は何％減額されるかについての年金知識について，クイズ形式で質問している。また，70歳に繰下げ受給した場合，年金月額は何％増額されるかについての年金知識についても，クイズ形式で質問している。

　60歳から早く受給した場合，現行の年金制度では，生涯，30％，年金月額は減額される。しかし，図5-5のとおり，回答者のうち，年金月額は10％しか減額されないという回答は28.1％，年金月額は20％しか減額されないという回答は34.7％である。年金月額は30％減額という正解の回答は，27.0％である。回答者の６割以上が，実際に年金減額される割合よりも，小さい割合しか，年金

図5-5　60歳繰上げ受給は，年金月額は何％減額になりますか？（N=1,600人）

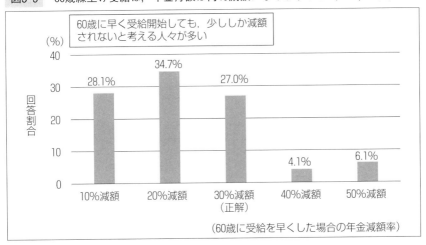

（出所）　佐々木［2021b］。

図5-6　70歳繰下げ受給は，年金月額は何％増額になりますか？（N=1,600人）

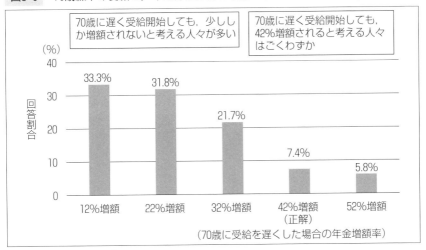

（出所）　佐々木［2021b］。

減額されないと考えていることが示された。

　また，70歳まで年金受給を遅らせた場合，現行の年金制度では，生涯，42％，年金月額は増額される。しかし，**図5-6**のとおり，回答者のうち，12％しか増

額されないという回答は33.3％，22％しか増額されないという回答は31.8％である。32％しか増額されないという回答は，21.7％であった。42％増額という正解の回答は，7.4％である。回答者のうち，8割以上が，実際に増額される割合よりも，小さい割合しか，増額されないと考えていることが示された。

4-2-4 年金知識不足から60歳繰上げ受給利用が増加する可能性

本章の分析結果から，20～59歳の現役世代について，年金を70歳まで待っても少ししか増額されず，60歳に早く受給しても減額は小さいと考えている人々が多いことが示されている。このことから，新型コロナ問題で，高齢就労機会が減少して老後生活資金が苦しくなった場合，60歳繰上げ受給選択が誘発され，増加する可能性が考えられる。

5 家計と国の対応

5-1 家計の対応：年金知識の向上

新型コロナ問題で収入が低下しやすい状況で，老後の低年金を回避するには，家計は，これまで以上に，年金リテラシー向上が重要になる。

生涯のライフサイクル全体で計画した場合の最適な決定からみて，老後に年金減額になってでもなお，免除・納付猶予や60歳繰上げ受給が最適に選択されたのであれば，年金制度の有効利用と考えられる。しかし，本章の調査・分析結果から，免除・納付猶予や60歳年金繰上げ受給に伴う年金減額について，年金知識不足の実態がある。年金知識不足から，最適ではない年金行動を選択している場合，後悔を伴う低年金のケースが増加する可能性がある。

収入水準と幸福感は顕著な関連があることは多くの先行研究から広く知られており，平均で老後収入源の約6割が公的年金で占められていること，低年金は老後の低収入に直結しやすいことを踏まえると，低年金は幸福感を低くするリスクも高いと考えられる。

免除・納付猶予制度，60歳繰上げ受給の仕組みを十分に理解したうえで，最適な年金選択を行うことが重要である。

5-2　国の対応：新型コロナ問題と免除制度の整備

　家計のなかには，新型コロナ問題による収入低下などにより，最適に年金行動を選択してもなお，恒常的な免除・納付猶予や60歳年金受給開始を選択しなければ，現在の生活資金が不足するケースも少なくないと考えられる。恒常的な免除・納付猶予制度の利用や60歳年金繰上げ受給により，老後の低年金・経済的困窮が増加することも懸念される。

　年金財源調達の追加必要総額の推計，財源確保の調達可能性も考慮したうえで，家計の経済状況に応じて，免除・納付猶予でその後に追納しなくても年金減額しないような免除制度の創設，60歳繰上げ受給を利用した場合でも年金減額しない年金制度の創設を検討することが重要である。

第**6**章

イデコと老後の年金格差拡大

1　老後の年金格差と老後資金不足

　現在，わが国では，平均でみると老後収入源の約6割が公的年金で支えられている。そのため，老後の低年金は老後資金不足や老後経済不安に直結しやすい。しかも，老後の年金はいくつかの点で大きな年金格差があることが知られている（**表6-1**参照）。

　第1は，国民年金と厚生年金の年金格差である。**図6-1**のとおり，「令和元年度厚生年金保険・国民年金事業年報」（概要）（厚生労働省）によると，公的年金の平均月額（受給者ベース）は，国民年金受給者は5万6,049円であるのに対して，厚生年金受給者は14万6,162円であり，約2.6倍程度もの格差がある。このような年金格差があるのは，厚生年金受給者は，1階部分の国民年金と2階部分の厚生年金の両方を老後に受給できるが，国民年金受給者は1階部分の国民年金しか受給できないからである。そして，国民年金では，40年間すべての掛け金を納めた場合でも，年金月額の最高金額は，月々約6万5千円が上限だからである。これから数年，数十年後，国民年金のみしか加入していない人々を中心に，低年金，老後資金不足に悩まされることが懸念されている。

　しかも，「平成29年国民年金被保険者実態調査 結果の概要」（厚生労働省）によると，国民年金加入者は，厚生年金加入者よりも老後に低年金になりやすいだけではなく，現役時の就業状況について6割以上が非正規雇用または無職であり，現役時の平均所得水準も低いこと，老後の私的経済準備をする余裕が

表6-1　本章の問題意識

1	イデコは，老後の年金格差を緩和できるか，低年金の予防につながるか
2	企業年金・民間個人年金加入者のイデコ加入率が高い場合，イデコによる低年金の予防は難しいのか
3	60歳まで引き出せない仕組みを緩和すること，免除制度の整備など，イデコを使いやすい制度の検討が必要ではないか
4	イデコを広く世代全般が一層利用しやすい仕組みの検討が重要

（出所）　佐々木［2020］。

図6-1　国民年金と厚生年金の平均的な老齢年金月額（受給者ベース）（令和元年度末現在）

（出所）　「令和元年度厚生年金保険・国民年金事業年報」（概要）（厚生労働省）。

そもそも小さいこと，個人年金加入率も低く，老後資金不足を招きやすい状況が重なりやすいことである。

　第2は，厚生年金のなかでの年金格差である。現役時の収入・年金保険料負担が多いほど，厚生年金の老後の年金月額は高くなるため，厚生年金でも現役時に低収入・低掛け金だった人々を中心に，厚生年金が低年金化しやすい。「令和元年度厚生年金保険・国民年金事業年報」（概要）（厚生労働省）によると，表6-2のとおり，厚生年金受給者のなかでも，受給権者ベースで，年金月額が10万円を下回る割合は，23.7％である。

　第3は，男女格差である。女性の就業参加率は男性よりも低く，現役時の平均的な収入・年金掛け金も低いため，厚生年金においても女性は低年金化しやすい。「令和元年度厚生年金保険・国民年金事業年報」（概要）（厚生労働省）によると，表6-2のとおり，受給権者ベースで，老後の厚生年金月額が20万円以上の割合は，男性は24.0％であるのに対して，女性は1.3％にとどまる。

表6-2　厚生年金の老齢年金月額（男女別）（受給権者ベース）（平成30年度末現在）

年金月額	男性	女性	男女合計
5万円未満	1.4%	5.9%	2.9%
5〜10万円未満	9.2%	44.0%	20.8%
10〜15万円未満	24.5%	41.0%	30.0%
15〜20万円未満	41.0%	7.8%	29.9%
20〜25万円未満	21.1%	1.2%	14.5%
25〜30万円未満	2.7%	0.1%	1.8%
30万円未満	0.2%	0.0%	0.1%
平均年金月額	16万4,770円	10万3,159円	14万4,268円

（出所）「令和元年度厚生年金保険・国民年金事業年報」（概要）（厚生労働省）。

2　イデコは低年金をどこまで補強できるか

　こうしたなか，低年金や老後生活資金不足の対応策として，年金制度改革や高齢就労促進により，老後資金収入源の多様化・分散化など，老後収入を高める方法が注目を集めている。

　第1は，厚生年金の適用拡大である。厚生年金の加入者は，従来は，民間企業の会社員等が中心であったが，今後は，より短時間，低所得者でも厚生年金に加入しやすい仕組みの構築である。しかし，厚生年金の適用拡大は，ハードルを低くして適用を広げるほど，より低所得で低保険料負担者が増え，老後の年金月額が7〜8万円など，国民年金とあまり変わらない，厚生年金の低年金化を引き起こす懸念がある。

　第2は，高齢就労の促進，年金繰下げ受給による年金増額である。2022年からの新制度では，年金繰下げ受給について，これまでの最大70歳から1.42倍の年金受給月額を，最大75歳から1.84倍の年金受給月額に増やす仕組みが施行される。

　そして，第3は，イデコである。1階部分の国民年金加入者など，低年金になりやすい人々の老後の年金を補強する手段として，3階部分の私的年金であるイデコへの関心が高まってきている。イデコは，月々の掛け金が最低5000円からはじめることができること，掛け金の税控除や運用益が非課税であること，老後の年金受給時にも税控除があること等，税制上の多くの優遇を受けることができるなど，ユニークで多くの利点を持つ私的年金制度である。図6-2のと

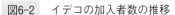
図6-2　イデコの加入者数の推移

（出所）「iDeCo公式サイト:iDeCo（個人型確定拠出年金）の加入者数等について」（国民年金基金連合会）より作成。

図6-3　イデコ加入率：20〜59歳人口6,160万3千人に対する割合

（出所）「iDeCo公式サイト：iDeCo（個人型確定拠出年金）の加入者数等について」（国民年金基金連合会）及び「人口推計-2020年（令和2年）6月報」（令和2年6月22日）（総務省統計局）より作成。20〜59歳の人口6,160万3,000人は，「総務省統計局「人口推計-2020年（令和2年）6月報」（令和2年6月22日）における，2020年1月1日現在の確定値を参考にしている。

おり，「iDeCo公式サイト:iDeCo（個人型確定拠出年金）の加入者数等について」（国民年金基金連合会）によると，加入者数は，2016年12月には約31万人であったが，2019年3月には約121万人，2020年3月には約156万人にまで急激に増加してきている。

　しかし，図6-3より，20〜59歳の人口全体でみると，イデコ加入率はわずか約2.5％にすぎない。なぜ，イデコの普及率は低いのだろうか。なぜ，老後準備手段として活用されにくいのか。国民年金加入者など，老後経済基盤が脆弱な人々にイデコがより確実に届き，必要度が高い人々に老後経済手段として有

効活用されているのだろうか。老後資金準備が潤沢な層がむしろイデコ加入率が高いのではないか，イデコの必要性が高い人々にイデコ加入を促進するための方策は何かについて考察することが重要である。

3　先行研究

わが国の年金制度のうち，1階部分の国民年金の加入・納付行動や繰上げ・繰下げ受給行動の分析については，鈴木・周［2001］，駒村［2007］，Shimizutani and Oshio［2012］など，多くの研究が蓄積されている。1階部分の国民年金は，本来は加入が義務であるものの，自主納付の必要があり，国民年金未納が社会問題の1つになってきた。これらの先行研究より，予想寿命が短いこと，低所得で国民年金保険料を支払う余裕が小さいこと，年金不信が高いこと，年金知識が少ないことなどが国民年金未納を誘発しやすい原因であることが示唆されている。

いっぽう，2階部分の厚生年金，3階部分の私的年金については，これまで加入・納付行動の研究蓄積は十分には行われてこなかった。2階部分の厚生年金の掛け金は，給料天引きであるため，厚生年金保険料が未納になる余地がそもそもほぼ皆無であり，加入・納付行動の研究対象にはなりにくかった。

3階部分の私的年金については，企業年金やイデコなどがあるが，掛け金の運用先を自分で決める必要のある年金種類も多いため，投資教育・金融教育・投資情報提供のあり方と運用行動との関係など，金融リテラシーの視点からの研究蓄積が進んできている（北村・中嶋［2016］，山口［2014］，北村・中嶋［2009］など）。投資教育や投資情報の提供のあり方によって確定拠出年金の運用行動に変化がみられるとする研究結果がある一方で，日本では預金等の安全資産選択傾向がみられるなど，投資教育等による自発的な運用行動の促進効果は限定的だとする研究結果が提示されている。

3階部分の私的年金の1つであるイデコについては，加入・未加入の定量的な要因分析は研究蓄積が十分には進んでいない。そこで本章では，とりわけ，収入・資産・学歴・雇用形態の社会経済的要因に焦点を当て，イデコの加入行動に影響する要因を明らかにすることを研究目的とする。さらに，企業年金加入，民間保険会社等の個人年金加入とイデコ加入との関連も分析し，私的年金の手厚い層がイデコに加入する傾向が顕著かどうか，イデコがむしろ老後の年

金受給額格差を拡大する可能性が高いかどうかについて考察する。

4　方　　法

4-1　データ

　本章で使用するデータは，筆者が独自に収集したWeb調査データである。調査は，2020年3月に実施した。調査票を筆者が作成し，調査実施は外部の調査会社へ委託した。調査対象は，20～59歳の男女である。学生は，調査対象から除外している。1,600サンプルを収集し，本章の分析に使用した。

4-2　被説明変数

　被説明変数は，イデコの加入の有無である。イデコは，私的年金の1つであり，年金制度の3階部分に相当する。アンケート調査では，iDeCo（個人型確定拠出年金）について加入しているかどうかをたずねている。

4-3　説明変数

　説明変数は，人口統計学的要因については，性別，10歳間隔での年齢，婚姻状況（既婚，未婚，離婚，死別）である。社会経済的要因は，世帯年収，世帯金融資産について，それぞれ，300万円未満，300～500万円未満，500～700万円未満，700～1,000万円未満，1,000万円以上に分類した。学歴は，中学校・高校卒，短大・高専等卒，大学・大学院卒に分類した。雇用形態は，非正規雇用，正社員，自営業・会社経営，無職に分類した。年金種別については，企業年金の加入の有無，民間保険会社等の個人年金の加入の有無に分類した。高齢就労意欲については，65歳をすぎても働ける限り働くつもりかどうかをたずねており，あてはまる，ややあてはまる，あまりあてはまらない，あてはまらないと回答した場合について，それぞれ，高齢就労意欲は高い，やや高い，やや低い，低いという4つに分類している。

4-4　統計分析

　本章の分析では，イデコ加入に関連する要因を明らかにするため，ロジスティック回帰分析を用いて，イデコ加入に関するオッズ比と95％信頼区間を算

出した。被説明変数は，イデコ加入の有無であり，イデコに加入している場合は1，加入していない場合は0の2値変数である。2つのモデルによる分析結果を提示した。モデル1は，人口統計学的要因，社会経済的要因，企業年金加入の有無，個人年金加入の有無を調整して分析した。モデル2では，モデル1の変数に加えて，高齢就労意欲を調整したうえで分析を行った。

5　分析結果

5-1　記述統計量

　表6-3は，記述統計量を示している。平均年齢は，40.1歳（SD=10.8）である。性別は，男性は50.0％，女性は50.0％である。婚姻状況は，既婚48.3％，未婚44.5％，離婚6.3％，死別0.9％である。イデコ加入率は，11.1％であり，日本全体の20～59歳のイデコ加入率よりも高い値となっている。

5-2　イデコの加入要因

　表6-4は，イデコ加入に関するロジット推定結果を示している。また，図6-4～図6-10は，イデコ加入と性別，世帯金融資産，学歴，雇用形態，企業年金加入状況，民間保険会社等の個人年金加入状況，高齢就労意欲との関連について，図にまとめている。

　人口統計学的要因については，男女差が顕著である。男性は女性よりも，イデコに多く加入している。社会経済的要因については，世帯金融資産，学歴，雇用形態が顕著に関連している。世帯金融資産は，300万円未満を基準にすると，300万円以上のケースにおいて，イデコ加入率は有意に高い。学歴は，中学校・高校卒の場合を基準とすると，大学・大学院卒は，イデコ加入率が有意に高い。正社員は，非正規雇用よりも，イデコに多く加入している。年金種別については，企業年金の加入者は未加入者よりも，イデコ加入率は有意に高い（オッズ比1.76，95％信頼区間1.20-2.57）。民間保険会社等の個人年金の加入者は未加入者よりも，イデコに加入しやすい（オッズ比2.38，95％信頼区間1.65-3.43）。高齢就労意欲については，統計的に有意ではなかったものの，高齢就労意欲が高い場合，イデコ加入率は高い傾向がみられた。

表6-3　記述統計量（N=1,600人）

	イデコ加入者		イデコ未加入者		全体	
	N=178人	%	N=1,422人	%	N=1,600人	%
性別						
男性	131	73.6	669	47.0	800	50.0
女性	47	26.4	753	53.0	800	50.0
年齢						
平均年齢（SD）	40.2歳 (SD=10.8)		40.1歳 (SD=10.8)		40.1歳 (SD=10.8)	
20〜29歳	44	24.7	356	25.0	400	25.0
30〜39歳	47	26.4	353	24.8	400	25.0
40〜49歳	41	23.0	359	25.2	400	25.0
50〜59歳	46	25.8	354	24.9	400	25.0
婚姻状況						
既婚	102	57.3	671	47.2	773	48.3
未婚	67	37.6	645	45.4	712	44.5
離婚	8	4.5	93	6.5	101	6.3
死別	1	0.6	13	0.9	14	0.9
世帯年収						
300万円未満	16	9.0	391	27.5	407	25.4
300〜500万円未満	31	17.4	372	26.2	403	25.2
500〜700万円未満	49	27.5	257	18.1	306	19.1
700〜1,000万円未満	48	27.0	242	17.0	290	18.1
1,000万円以上	34	19.1	160	11.3	194	12.1
世帯金融資産						
300万円未満	35	19.7	731	51.4	766	47.9
300〜500万円未満	27	15.2	189	13.3	216	13.5
500〜700万円未満	31	17.4	106	7.5	137	8.6
700〜1,000万円未満	20	11.2	102	7.2	122	7.6
1,000万円以上	65	36.5	294	20.7	359	22.4
学歴						
中学校・高校卒	26	14.6	424	29.8	450	28.1
短大・高専等卒	23	12.9	374	26.3	397	24.8
大学・大学院卒	129	72.5	624	43.9	753	47.1
雇用形態						
非正規雇用	10	5.6	322	22.6	332	20.8
正社員	144	80.9	695	48.9	839	52.4
自営業・会社経営	7	3.9	93	6.5	100	6.3
無職	17	9.6	312	21.9	329	20.6
企業年金						
加入している	78	43.8	240	16.9	318	19.9
加入していない	100	56.2	1182	83.1	1282	80.1
民間保険会社等の個人年金						
加入している	83	46.6	246	17.3	329	20.6
加入していない	95	53.4	1176	82.7	1271	79.4
イデコ						
加入している	178	100.0	0	0.0	178	11.1
加入していない	0	0.0	1422	100.0	1422	88.9
高齢就労意欲						
低い	17	9.6	209	14.7	226	14.1
やや低い	42	23.6	328	23.1	370	23.1
やや高い	56	31.5	473	33.3	529	33.1
高い	63	35.4	412	29.0	475	29.7

（出所）　佐々木［2020］。

表6-4 イデコ加入に関するロジット推定結果（N=1,600人，20〜59歳）

	モデル1			モデル2		
	オッズ比	95%信頼区間	有意確率	オッズ比	95%信頼区間	有意確率
性別（基準：女性）						
男性	1.84**	(1.22, 2.78)	0.004	1.84**	(1.22, 2.79)	0.004
女性	1.00			1.00		
年齢（基準：20〜29歳）						
20〜29歳	1.00			1.00		
30〜39歳	0.97	(0.60, 1.59)	0.916	0.98	(0.60, 1.61)	0.946
40〜49歳	0.71	(0.42, 1.22)	0.216	0.72	(0.42, 1.23)	0.231
50〜59歳	0.71	(0.41, 1.22)	0.214	0.75	(0.43, 1.29)	0.298
婚姻状況（基準：既婚）						
既婚	1.00			1.00		
未婚	0.78	(0.52, 1.17)	0.231	0.81	(0.54, 1.22)	0.315
離婚	1.29	(0.56, 2.97)	0.545	1.28	(0.55, 2.97)	0.571
死別	0.87	(0.09, 8.93)	0.910	0.82	(0.07, 8.96)	0.868
世帯年収（基準：300万円未満）						
300万円未満	1.00			1.00		
300〜500万円未満	0.91	(0.45, 1.85)	0.802	0.88	(0.43, 1.79)	0.729
500〜700万円未満	1.42	(0.70, 2.89)	0.331	1.40	(0.69, 2.84)	0.357
700〜1000万円未満	1.26	(0.60, 2.62)	0.544	1.21	(0.58, 2.54)	0.612
1000万円以上	1.09	(0.50, 2.41)	0.824	1.08	(0.49, 2.39)	0.846
世帯金融資産（基準：300万円未満）						
300万円未満	1.00			1.00		
300〜500万円未満	2.18**	(1.21, 3.95)	0.010	2.25**	(1.24, 4.08)	0.007
500〜700万円未満	2.77**	(1.50, 5.13)	0.001	2.81**	(1.51, 5.20)	0.001
700〜1000万円未満	2.12*	(1.08, 4.17)	0.029	2.18*	(1.11, 4.29)	0.024
1000万円以上	2.49**	(1.45, 4.29)	0.001	2.55**	(1.48, 4.40)	0.001
学歴（基準：中学校・高校卒）						
中学校・高校卒	1.00			1.00		
短大・高専等卒	1.03	(0.56, 1.90)	0.921	1.02	(0.55, 1.89)	0.943
大学・大学院卒	1.86*	(1.16, 3.00)	0.011	1.91**	(1.18, 3.08)	0.008
雇用形態（基準：非正規雇用）						
非正規雇用	1.00			1.00		
正社員	2.18*	(1.06, 4.48)	0.034	2.19*	(1.07, 4.51)	0.033
自営業・会社経営	1.24	(0.44, 3.51)	0.691	1.22	(0.43, 3.49)	0.704
無職	1.50	(0.66, 3.40)	0.337	1.61	(0.70, 3.69)	0.261
企業年金（基準：加入していない）						
加入している	1.78**	(1.22, 2.60)	0.003	1.76**	(1.20, 2.57)	0.004
加入していない	1.00			1.00		
民間保険会社等の個人年金（基準：加入していない）						
加入している	2.40**	(1.67, 3.45)	<0.001	2.38**	(1.65, 3.43)	<0.001
加入していない	1.00			1.00		
高齢就労意欲（基準：低い）						
低い				1.00		
やや低い				1.17	(0.61, 2.22)	0.640
やや高い				1.18	(0.63, 2.20)	0.604
高い				1.57	(0.85, 2.93)	0.153
定数項	0.01**		<0.001	0.01**		<0.001

**, *は，それぞれ1％，5％水準で有意。
（出所） 佐々木［2020］。

図6-4　性別とイデコ加入（N=1,600人）

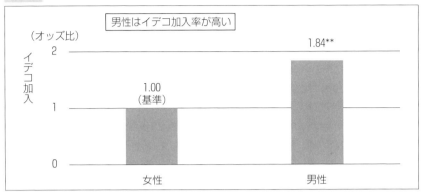

（注）図6-4～図6-10は，それぞれ，性別，年齢，婚姻状況，世帯年収，世帯金融資産，学歴，雇用形態，企業年金加入状況，民間保険会社等の個人年金の加入状況，高齢就労意欲の影響を考慮した解析を実施している。
**は1％水準，*は5％水準で統計的に有意な関連があったことを示している。
（出所）　図6-4～図6-10：佐々木［2020］。

図6-5　世帯金融資産とイデコ加入（N=1,600人）

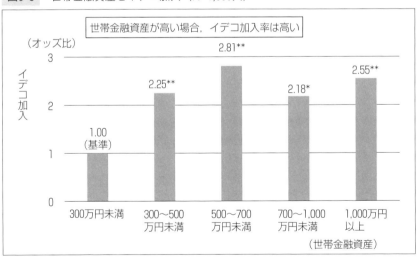

図6-6 学歴とイデコ加入（N=1,600人）

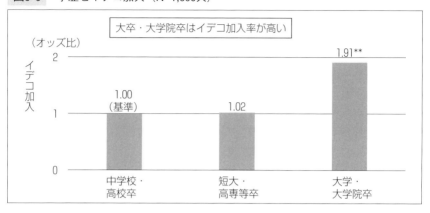

図6-7 雇用形態とイデコ加入（N=1,600人）

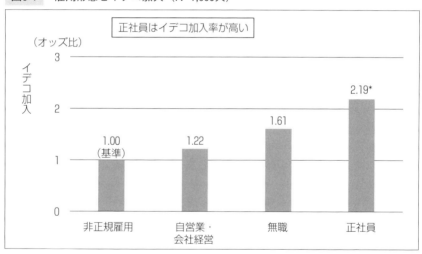

図6-8　企業年金加入とイデコ加入（N=1,600人）

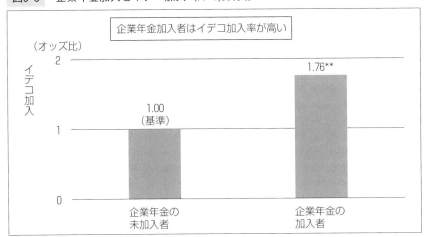

図6-9　民間保険会社等の個人年金加入とイデコ加入（N=1,600人）

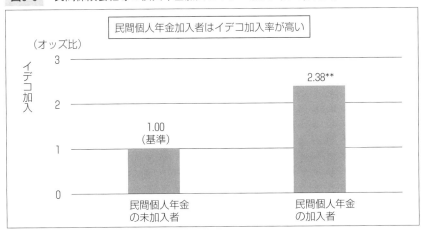

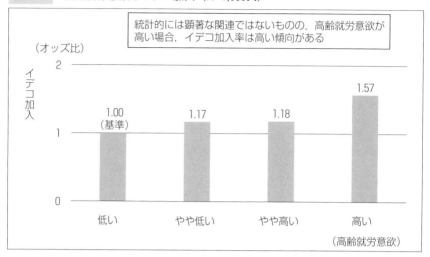

図6-10　高齢就労意欲とイデコ加入（N=1,600人）

6　考　察

6-1　経済力の高い人々はイデコ加入率が高い

　本章では，日本全国の20〜59歳の男女1,600のサンプルデータを用いた分析の結果，男性，高い世帯金融資産，高学歴，正社員，企業年金加入，民間保険会社等の個人年金加入の場合，イデコ加入率が顕著に高いことを明らかにした。

　日本の年金制度は３階建てである。イデコの重要性の１つは，老後に１階部分の国民年金しか受給できない国民年金加入者など，低年金や低資産の人々のイデコ加入が促進され，老後経済不安が解消されることである。

　しかし，本章の分析結果から，企業年金加入者と民間保険会社等の個人年金加入者はイデコ加入率が顕著に高いことが示された。企業年金加入者は，主に民間企業等の正社員であり，１階部分の国民年金，２階部分の厚生年金，３階部分の企業年金の３つの年金を老後に受給できるケースが多い。

　非正規雇用者よりも正社員のほうがイデコ加入率が高いという分析結果も，平均的な収入面からみて，老後準備を行いやすい正社員はイデコ加入が進み，老後準備の余裕が小さい非正規雇用はイデコ加入が進んでいないことを示して

いる。高い金融資産や企業年金・個人年金加入は，それ自体が老後準備基盤を強固にするものであるが，高い金融資産を保有し，企業年金や個人年金に加入する人々ほど，イデコ加入率が高く，老後の年金格差を高める可能性を示唆している。

6-2　就業率の低い女性のイデコ加入率は低い

女性のイデコ加入率が男性よりも低いことが示された。女性は平均的な就業率が男性よりも低いことなどから，厚生年金が低年金になりやすく，老後の経済困窮につながりやすい。女性の低年金を補強するうえで，女性がイデコを活用しやすい環境整備の検討が重要と考えられる。

6-3　イデコ掛け金の免除制度の整備の必要性

イデコは，年金制度では３階部分の私的年金であるため，公的年金のような年金保険料の免除制度が十分に整備されている状況にはない。しかし，本章の分析結果より，低年金が予想される女性，低資産保有者，企業年金未加入者・個人年金未加入者はイデコ加入率が低いという結果を踏まえると，私的年金の仕組みではあるが，国の低年金対策として，イデコについてもこれらの人々に対して，免除制度の整備も検討が必要である。

6-4　60歳まで引き出せない制限の緩和の必要性

世帯金融資産300万円未満の低資産者について，イデコ未加入率が顕著に高い理由として，60歳まで引き出させないことが影響していることも考えられる。家計は，老後の経済リスクだけではなく，自動車事故，火災，地震，病気など，様々なリスクへの備えや，出費のため，金融資産を保有する必要がある。イデコの資産が60歳まで引き出せないという制限によって，世帯金融資産の保有額が低い人々ほど，老後経済リスク以外の諸リスクへの対応や出費の確保が優先し，イデコに加入する余裕は低いことが考えられる。60歳まで引き出せないことが障壁となってイデコ加入を断念する度合いは，世帯金融資産，雇用形態，企業年金・個人年金の加入状況の違いによって，どの程度の差異があるのかについて，定量的な分析が必要である。

6-5　イデコの認知度・普及率がイデコ加入に及ぼす影響

　イデコが普及途上にある理由の１つは，制度が発足してまだ経過年数が比較的短く，イデコの年金収入を実際に得ている人々を身近に見る機会が限られていることの影響も考えられる。今後，普及率が高まり，老後収入源として，イデコの年金収入でより経済的に豊かに暮らす実例，様々な活用事例を実際に見る機会が増えてくれば，イデコ加入はより身近になりやすいと考えられる。イデコの認知度・普及率の高まりがイデコ加入率に及ぼす影響の分析については，今後の研究課題である。

7　ま と め

　老後経済不安が高まる日本において，年金制度の３階部分に位置する私的年金のイデコは，低年金を解消し，老後の安心を高めるうえで，いっそう，使いやすい制度に制度設計する必要がある。免除制度の整備，60歳まで資産を引き出せないことの制限の緩和など，検討が必要であると考えられる。

第7章

年金知識不足の人々の特徴

1 普及が進みにくい年金リテラシーの研究・教育

　世界の多くの国々で平均寿命が伸びてきており，老後期間が人生全体に占める割合が大きくなってきている。老後期間が長くなると，老齢・退職等のために，無収入の年数が長くなり，老後の備えとしての年金の重要性が高まってくる。生涯全体にわたる個人の経済的資源配分を最適化し，また，近視眼性や年金知識不足による老後収入源の枯渇と老後貧困リスクを回避するためにも，国民全体の年金リテラシー向上は非常に重要である。

　だが，隣接領域にある金融リテラシーに関する調査・研究は蓄積が進んでいるものの，年金リテラシーに関する研究蓄積は相対的に少ない。また，年金リテラシーと金融リテラシーの関連を分析した研究も少ない。

　そこで本章では，筆者が独自に行った，日本における全国の20〜59歳の男女2,000人のWeb調査データを使用して，年金リテラシーに焦点を当てて，以下の2つの分析を行うことを研究目的とする。第1は，年金リテラシーの低い人々の特徴を明らかにすることである。性別や年齢などの基本属性，収入・学歴・職業等の社会経済的要因，年金種別などの要因の影響に注目する。第2は，年金リテラシーと金融リテラシーの関係を明らかにすることである。金融リテラシーが低いほど，年金リテラシーも低いかどうかを分析する。

　なお，男女ともに世界屈指の長寿国である日本での本研究の分析結果は，日本と同様に，長寿社会に伴い，老後資金問題や年金改革問題に直面する多くの

国々にとって，参考になることが期待できる。

2　先行研究

2-1　年金リテラシー・年金加入行動に関する先行研究

　Landerretche and Martinez［2013］は，チリにおける年金リテラシーと貯蓄行動の関係，および，年金リテラシーと年金加入行動の関係を分析している。同研究では，年金リテラシーが高いほど，貯蓄する確率が高いことを明らかにしている。6問からなる年金質問について，正解が追加的に1つ増えると，調査時点の2時点のうち少なくとも1つの時点で個人が貯蓄する確率が約50%高まることを明らかにしている。また，年金リテラシーが高い人々ほど，自発的に年金に加入する傾向が高いことも明らかにしている。なお，同研究における年金質問では，所得に占める月々の保険料の割合は何%か，加入している年金基金はどのように運用されているか，年金給付額はどのように計算されているか，法定退職年齢は男女それぞれ何歳か，老後に年金給付を受けるためには最低何年間の保険料拠出が必要かなどについての知識を調査している。

　また，Fornero and Monticone［2011］は，イタリアにおける金融リテラシーと年金加入率の関係を分析している。金融リテラシーが高いほど，年金加入確率は顕著に高いことを明らかにしている。

2-2　金融リテラシーに関する先行研究

　年金とも比較的近い隣接領域にある金融の領域では，金融リテラシー水準の実態，金融リテラシーが低い人々の基本属性や社会経済的要因，金融情報収集行動などについて，豊富な研究が蓄積されている。

　まず，一般の人々の金融リテラシー水準の実態がどの程度であるかについては，Lusardi and Mitchell［2011］が詳しく調査・分析している。同研究では，金融リテラシー水準について，基礎的問題と応用問題の2つに分類している。基礎的問題は，銀行預金の複利計算，インフレーション，貨幣の時間的価値などについてたずねる設問である。正解率はいずれも7割を超えており，基礎的問題については，ある程度の理解力があることが示唆された。しかし，応用問題については，正解率は低いことが示された。分散投資が投資リスクを軽減す

ることの正解率は5割を下回っていた。また，利子率が下がると債券価格はどうなるかについての正解率は3割を下回っていることが示された。

　次に，金融リテラシーが低い人々の特徴については，Van Rooij et al. [2011] やLusardi and Mitchell [2011] が分析している。分析の結果，金融リテラシーが低い人々の特徴として，年齢が若い人々，教育水準が低い人々，女性であることを指摘している。また，Lusardi and Mitchell [2011] は，老後経済準備のための計画を立てていることと，金融リテラシーの関係を分析している。老後経済準備のための計画をきちんと立てている人々のほうが，計画的でない人々よりも，金融リテラシーが高いことが示されている。銀行預金の単利計算，インフレーション，分散投資によるリスク軽減効果の3つの問題について，3問とも正解の割合は，老後経済準備の計画者の場合は47%，非計画者の場合は23.9%であった。

　さらに，金融リテラシーが低い人々の金融行動の特徴については，Van Rooij et al. [2011] は，金融意思決定を行う際の金融アドバイスの入手先チャネルが，家族や友人などのインフォーマルなチャネルの占める割合が非常に大きいことを指摘している。金融リテラシーの高い人々の場合は，逆に，家族や友人などのインフォーマルなチャネルの占める割合は低く，他方で，新聞や金融関連の雑誌・本，インターネット上の金融情報など，フォーマルなチャネルの占める割合が大きいことを示している。

　また，金融リテラシーが低い人々の金融行動のもう1つの別の特徴として，専門家のアドバイスを求めない傾向が顕著であることが，Calcagno and Monticone [2015] などの研究から指摘されている。金融リテラシーが低い場合，金融の意思決定を最適化するうえでの情報や判断力が不足し，金融決定が非最適化する可能性が高くなりかねない。このような金融リテラシーが低いことによる弊害を回避するのが，専門家のアドバイスである。金融に詳しい専門家に金融アドバイスを求めることで，不足する金融の知識や判断力を補うことができる。だが，ここには，2つの問題がある。第1は，専門家が相談者のためにではなく，専門家自身の利益を最大化するために行動する可能性があることである。特に，専門家が金融商品の売り手の場合，その問題は顕在化しやすいと考えられる。第2は，金融リテラシーが不足する当事者が，金融リテラシーが不足しているにもかかわらず，専門家にアドバイスを求めないことが考えられることである。

　Calcagno and Monticone［2015］は，金融リテラシーが不足した人々は，専門家にアドバイスを求めない傾向が顕著であることを明らかにしている。むしろ，金融専門家は，金融リテラシーの高い投資家に対して，より多くの情報を提供する傾向にあることを示している。金融リテラシーが高い投資家は，金融市場に対してより容易にアクセスをもち，金融専門家によるアドバイス提供の必要性は相対的に小さいにもかかわらず，むしろ，金融専門家からも金融情報が集まりやすいことが示されている。金融リテラシーが不足する人々は，ますます金融情報と疎遠になることが示されている。

　なお，金融リテラシーを高める教育手法に関する研究としては，Drexler et al.［2014］による研究がある。同研究では，ドミニカ共和国の中小企業の起業家を対象に調査・分析を行った。金融知識が不足するのは，一般の個人だけではなく，中小企業の起業家も同様である。対象者を，標準的な教育受講者群，簡略的な教育受講者群，教育を受けないコントロール群の3つに分類している。そのうえで，簡略化した教育手法のほうが教育効果は顕著に高いことを明らかにしている。

　以上より，金融・年金のリテラシーと行動に関する先行研究をまとめると，金融リテラシーと貯蓄・金融行動を分析したVan Rooij et al.［2011］，Calcagno and Monticone［2015］，金融リテラシーと年金加入行動を分析したFornero and Monticone［2011］がある。また，年金リテラシーと貯蓄・金融行動を分析したLusardi and Mitchell［2011］，年金リテラシーと年金加入率を分析した　Landerretche and Martínez［2013］がある。さらに，金融リテラシーが低い人々の特徴を要因分析したVan Rooij et al.［2011］，Lusardi and Mitchell［2011］などがある。

　その一方で，年金リテラシーが低い人々の特徴を要因分析すること，また，年金リテラシーと金融リテラシーの関係を分析することが，先行研究では殆どなされておらず，研究上の空白域になっている。そこで，本章では，男女ともに世界屈指の長寿国である日本を対象にして，第1に，年金リテラシーに影響する要因は何かを明らかにすること，第2に，年金リテラシーと金融リテラシーがどのような関係にあるのかを明らかにすることを研究目的とする。

3　方　　法

3-1　デ　ー　タ

　本章の分析で使用するデータは，筆者が独自に収集したWeb調査データである。筆者が調査票を作成し，調査の実施は外部の調査会社に委託した。2015年 3 月に調査を実施し，日本全国の20〜59歳の男女を調査対象とした。収集データ，使用データとも，2,000サンプルである。本章で用いる調査データの収集では，母集団代表性を高めるために，次の工夫を行っている。Web調査会社のモニターからサンプルを収集する際，北海道〜九州・沖縄までの全国を 8 エリアに分類し，男女の性別で 2 パターン，20代〜50代までの10歳間隔の年代で 4 パターンにそれぞれ分類した。そのうえで，日本全体の人口比率を示す総務省の『住民基本台帳に基づく人口，人口動態及び世帯数（平成24年 3 月31日現在)』を参考にし，エリア・性別・年齢の割合の点で，日本人口の縮図に近づくように，2,000サンプルを割り付けた。

3-2　人口統計学的要因

　人口統計学要因として，性別，年齢，婚姻状況，子供の人数を含んでいる。年齢は，20〜29歳，30〜39歳，40〜49歳，50〜59歳に10歳間隔で分類する。婚姻状況は，既婚，未婚，離婚・死別・その他に分類する。子供の人数は， 0 人， 1 人， 2 人， 3 人， 4 人以上に分類する。

3-3　社会経済的要因

　社会経済的要因については，世帯年収，世帯金融資産，教育水準，雇用形態である。世帯年収および世帯金融資産は，それぞれ300万円未満，300〜500万円未満，500〜700万円未満，700〜1,000万円未満，1,000万円以上に分類する。教育水準は，中学校・高校卒，専修・専門学校卒・短大・高専卒，大学・大学院卒，わからない・答えたくないに分類する。雇用形態は，正社員，非正規雇用，自営業・会社経営，無職に分類する。

3-4　年金種別

　日本の公的年金制度では，日本に居住するすべての20〜59歳の人々は，国民年金に加入する。さらに，民間企業の正社員等は，国民年金に加入したうえで，さらに厚生年金にも加入し，老後は，国民年金と厚生年金の両方を受給できる。また，本章の使用データの調査が行われた時点では，主に公務員は，国民年金と共済年金に加入し，老後は，国民年金と共済年金の２つの年金を受給できる。20〜59歳の現役時に国民年金にだけ加入して老後に国民年金だけ受給するのは，主に，自営業者や，パート・アルバイトなどの非正規雇用者や，無職の人々などである。

　なお，国民年金加入者は，保険料の納付状況などによって，さらに４つの種類に細かく分類する。保険料を納めているケース，低収入や無収入等を理由に保険料の免除・猶予を受けているケース，保険料を未納しているケース，厚生年金または共済年金の加入者の被扶養者で国民年金保険料を納めなくてよい第３号被保険者のケースである。

3-5　年金リテラシー：国民年金クイズ20問

　本章の研究では，年金リテラシー水準を測定するため，Webアンケート調査項目において，日本の公的年金のベースをなす国民年金に関する合計20問の国民年金クイズを設定した。年金リテラシー水準を測定するため，国民年金には何歳から何歳まで加入し，何歳から年金給付を受け取れるのか，保険料負担額はいくらか，老後の年金給付額はいくらかなど，日本の公的年金制度に関する体系的な質問項目を20問設定した。

3-6　金融リテラシー：金融クイズ４問

　また，金融リテラシー水準の測定については，Lusardi and Mitchell［2011］を参考にして，合計４問の金融クイズを設定した。４項目とは，単利の金利計算，複利の金利計算，インフレーションについての理解，株式投資をする際の分散投資のリスク低減効果に関する理解である。

3-7　統計分析

　本章の分析では，年金リテラシーに影響する要因を分析するため，ロジット

モデルを用いた。被説明変数は，年金リテラシーの低さである。分析対象者全体のうち，合計20問の年金知識クイズの平均正解数は12.45問であった。そこで，ロジットモデルでは，年金クイズの合計20問のうち，正解数が12問以下の場合を，年金リテラシーが低いとして 1 の値，正解数が13問以上の場合を，年金リテラシーが高いとして 0 の値を設定した。

4　分析結果

4-1　年金リテラシーが低い人々の割合

　表7-1は，アンケート回答者の記述統計量をまとめている。サンプル数は2,000である。男性は50.7％，女性は49.3％である。年齢は，20～29歳は21.1％，30～39歳は27.4％，40～49歳は27.1％，50～59歳は24.5％である。

　表7-2は，年金リテラシーが低い人々の割合を示したクロス集計である。また，図7-1，図7-2は，年金種別，金融クイズ得点別で，年金リテラシーの低い割合を図にしたものである。年金種別についてみると，年金リテラシーが低い人々の割合は，国民年金の第 3 号被保険者では40.2％であり一番低く，国民年金未納者では76.9％であり一番高い。金融クイズ得点別については，年金リテラシーが低い人々の割合は， 4 点満点で 0 点の場合は77.7％で最も高く， 4 点の場合は28.3％で最も低い。

表7-1　記述統計量（N=2,000人）

	N	%		N	%
性別			**年金種別**		
男性	1,014	50.7	厚生年金（加入）	1,061	53.1
女性	986	49.3	共済年金（加入）	136	6.8
年齢			公的年金受給（障害・遺族年金）	34	1.7
20～29歳	421	21.1	国民年金（支払っている）	384	19.2
30～39歳	548	27.4	国民年金（免除・猶予）	157	7.9
40～49歳	542	27.1	国民年金（未納）	39	2.0
50～59歳	489	24.5	国民年金（第3号被保険者）	189	9.5
婚姻状況			**金融クイズ**		
既婚	1,153	57.7	0点	202	10.1
未婚	716	35.8	1点	404	20.2
離婚	103	5.2	2点	453	22.7
死別	16	0.8	3点	358	17.9
その他	12	0.6	4点	583	29.2
子供の人数			**年金クイズ**		
0人	1,027	51.4	0点	0	0.0
1人	340	17.0	1点	0	0.0
2人	476	23.8	2点	0	0.0
3人	132	6.6	3点	0	0.0
4人以上	25	1.3	4点	3	2.0
世帯年収			5点	4	2.0
300万円未満	435	21.8	6点	13	0.7
300～500万円未満	595	29.8	7点	49	2.5
500～700万円未満	405	20.3	8点	93	4.7
700～1,000万円未満	359	18.0	9点	162	8.1
1,000万円以上	206	10.3	10点	205	10.3
世帯金融資産			11点	230	11.5
300万円未満	943	47.2	12点	267	13.4
300～500万円未満	349	17.5	13点	261	13.1
500～700万円未満	167	8.4	14点	206	10.3
700～1,000万円未満	176	8.8	15点	202	10.1
1,000万円以上	365	18.3	16点	140	7.0
教育			17点	84	4.2
中学校・高校卒	590	29.5	18点	53	2.7
専修専門学校・高専・短大卒	498	24.9	19点	22	1.1
大学・大学院卒	898	44.9	20点	6	0.3
わからない・答えたくない	14	0.7			
雇用形態					
正社員	895	44.8			
非正規雇用	503	25.2			
自営業・会社経営役員	163	8.2			
無職	439	22.0			

（出所）　佐々木一郎［2017b］。

表7-2　年金リテラシーが低い人々の割合（年金クイズ20問中，正解数12問以下の割合）（N=2,000人）

	割合(%)		割合(%)
性別		教育	
男性	54.7	中学校・高校卒	53.1
女性	47.8	専修専門学校・高専・短大卒	54.0
年齢		大学・大学院卒	48.3
20～29歳	64.1	わからない・答えたくない	71.4
30～39歳	51.8	雇用形態	
40～49歳	47.2	正社員	55.2
50～59歳	44.2	非正規雇用	49.3
婚姻状況		自営業・会社経営役員	40.5
既婚	50.6	無職	49.7
未婚	53.4	年金	
離婚・死別・その他	46.6	厚生年金（加入）	53.8
子供の人数		共済年金（加入）	45.6
0人	53.5	公的年金受給（障害・遺族年金）	58.8
1人	52.9	国民年金（支払っている）	49.7
2人	46.4	国民年金（免除・納付猶予）	48.4
3人	50.0	国民年金（未納）	76.9
4人以上	40.0	国民年金（第3号被保険者）	40.2
世帯年収		金融クイズ	
300万円未満	54.5	0点	77.7
300～500万円未満	51.4	1点	65.3
500～700万円未満	51.1	2点	57.6
700～1,000万円未満	47.9	3点	50.0
1,000万円以上	50.5	4点	28.3
世帯金融資産			
300万円未満	55.1		
300～500万円未満	54.7		
500～700万円未満	46.1		
700～1,000万円未満	47.7		
1,000万円以上	42.2		

（出所）　佐々木一郎［2017b］。

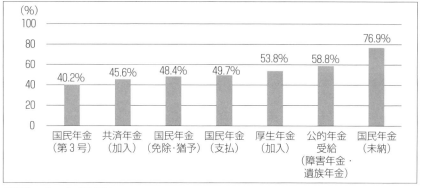

図7-1　年金クイズ正解12問以下の割合:年金種別による年金リテラシー格差

（出所）　佐々木［2017b］。

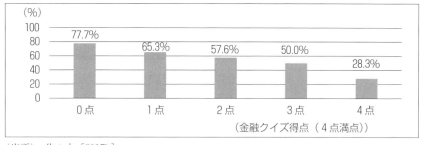

図7-2　年金クイズ正解12問以下の割合：金融クイズ得点別の年金リテラシー格差

（出所）　佐々木［2017b］。

4-2　推定結果 1 ：
年金リテラシーは性別・年齢・金融資産・年金未納と顕著に関連がある

　次に，表7-3は，年金リテラシー低水準に関するロジット推定結果を示している。2,000サンプルを用いてすべての説明変数を投入したモデル 3 を中心に，推定結果をまとめる。

　性別でみると，男性は，女性よりも，年金リテラシーが低い。年齢については，50代を基準にした場合，20代は年金リテラシーが低い関連がある。保有する世帯金融資産との関係でみると，世帯金融資産保有額が低いほど，年金リテラシーは低い傾向がある。世帯金融資産保有額1,000万円以上を基準にすると，

表7-3　年金リテラシー低水準に関するロジット推定結果（N=2,000人）

	モデル1（N=2,000人）オッズ比	95%信頼区間		モデル2（N=2,000人）オッズ比	95%信頼区間		モデル3（N=2,000人）オッズ比	95%信頼区間	
性別（基準：女性）									
男性	1.37**	1.14	1.64	1.45**	1.16	1.81	1.82**	1.42	2.32
女性	1.00			1.00			1.00		
年齢（基準：50～59歳）									
20～29歳	2.37**	1.77	3.18	2.10**	1.55	2.85	1.86**	1.34	2.58
30～39歳	1.38*	1.07	1.78	1.25	0.96	1.64	1.13	0.85	1.51
40～49歳	1.13	0.88	1.46	1.05	0.81	1.36	1.06	0.80	1.39
50～59歳	1.00			1.00			1.00		
婚姻状況（基準：既婚）									
既婚	1.00			1.00			1.00		
未婚	0.79	0.60	1.04	0.77	0.58	1.03	0.79	0.58	1.07
離婚・死別・その他	0.90	0.63	1.31	0.86	0.58	1.28	0.87	0.57	1.33
子供の人数（基準：0人）									
0人	1.00			1.00			1.00		
1人	1.03	0.76	1.39	0.98	0.72	1.34	1.02	0.74	1.42
2人	0.84	0.63	1.12	0.79	0.59	1.06	0.79	0.58	1.09
3人	1.02	0.68	1.54	0.94	0.62	1.43	0.93	0.59	1.45
4人以上	0.69	0.30	1.60	0.61	0.26	1.44	0.55	0.22	1.35
世帯年収（基準：1,000万円以上）									
300万円未満				0.78	0.52	1.19	0.68	0.44	1.07
300～500万円未満				0.67*	0.46	0.97	0.66*	0.45	0.99
500～700万円未満				0.82	0.56	1.18	0.77	0.52	1.15
700～1,000万円未満				0.73	0.50	1.05	0.76	0.51	1.13
1,000万円以上				1.00			1.00		
世帯金融資産（基準：1,000万円以上）									
300万円未満				1.61**	1.21	2.16	1.38*	1.01	1.89
300～500万円未満				1.60**	1.14	2.23	1.34	0.94	1.91
500～700万円未満				1.09	0.74	1.61	1.12	0.74	1.71
700～1,000万円未満				1.21	0.83	1.78	1.01	0.67	1.52
1,000万円以上				1.00			1.00		
教育（基準：中学校・高校卒）									
中学校・高校卒				1.00			1.00		
専修専門学校・高専・短大卒				1.15	0.90	1.48	1.32*	1.01	1.72
大学・大学院卒				0.74*	0.59	0.93	1.05	0.82	1.34
わからない・答えたくない				2.07	0.62	6.91	2.08	0.60	7.15
雇用形態（基準：正社員）									
正社員				1.00			1.00		
非正規雇用				0.79	0.61	1.02	0.81	0.60	1.09
自営業・会社経営役員				0.58**	0.41	0.84	0.60*	0.39	0.93
無職				0.83	0.63	1.10	0.93	0.66	1.31
年金（基準：厚生年金（加入））									
厚生年金（加入）							1.00		
共済年金（加入）							0.95	0.64	1.42
公的年金受給（障害・遺族年金）							1.45	0.65	3.24
国民年金（支払っている）							0.96	0.71	1.31
国民年金（免除・納付猶予）							0.80	0.53	1.22
国民年金（未納）							3.15**	1.36	7.28
国民年金（第3号被保険者）							0.72	0.49	1.08
金融クイズ（基準：4点）									
0点							9.71**	6.50	14.49
1点							5.42**	4.03	7.28
2点							3.88**	2.93	5.14
3点							2.64**	1.98	3.52
4点							1.00		
定数項	0.76			0.99			0.31**		

表7-3 年金リテラシー低水準に関するロジット推定結果（続き）

	モデル4 （N=1,014人, 男性のみ）			モデル5 （N=986人, 女性のみ）		
	オッズ比	95%信頼区間		オッズ比	95%信頼区間	
性別 （基準：女性）						
男性						
女性						
年齢 （基準：50〜59歳）						
20〜29歳	2.03**	1.23	3.33	1.79*	1.14	2.82
30〜39歳	0.93	0.61	1.42	1.43	0.95	2.14
40〜49歳	1.02	0.68	1.53	1.07	0.72	1.59
50〜59歳	1.00			1.00		
婚姻状況 （基準：既婚）						
既婚	1.00			1.00		
未婚	0.53**	0.33	0.85	1.47	0.93	2.31
離婚・死別・その他	1.84	0.85	3.96	0.75	0.43	1.31
子供の人数 （基準：0人）						
0人	1.00			1.00		
1人	0.79	0.46	1.37	1.29	0.84	1.96
2人	0.67	0.40	1.10	0.92	0.61	1.40
3人	0.98	0.48	1.98	0.97	0.53	1.79
4人以上	0.39	0.10	1.49	0.83	0.23	2.95
世帯年収 （基準：1,000万円以上）						
300万円未満	0.67	0.34	1.31	0.68	0.36	1.25
300〜500万円未満	0.58	0.32	1.06	0.71	0.41	1.22
500〜700万円未満	0.92	0.51	1.64	0.67	0.39	1.17
700〜1,000万円未満	0.75	0.43	1.34	0.74	0.42	1.31
1,000万円以上	1.00			1.00		
世帯金融資産 （基準：1,000万円以上）						
300万円未満	1.71*	1.05	2.77	1.23	0.80	1.87
300〜500万円未満	1.86*	1.08	3.23	1.06	0.65	1.74
500〜700万円未満	1.08	0.59	1.96	1.21	0.65	2.24
700〜1,000万円未満	1.40	0.78	2.50	0.69	0.37	1.29
1,000万円以上	1.00			1.00		
教育 （基準：中学校・高校卒）						
中学校・高校卒	1.00			1.00		
専修専門学校・高専・短大卒	1.45	0.89	2.34	1.29	0.92	1.80
大学・大学院卒	1.04	0.73	1.48	1.08	0.74	1.57
わからない・答えたくない	1.03	0.20	5.15	5.11	0.53	48.91
雇用形態 （基準：正社員）						
正社員	1.00			1.00		
非正規雇用	0.63	0.38	1.05	1.04	0.70	1.55
自営業・会社経営役員	0.57	0.31	1.06	0.58	0.25	1.31
無職	0.80	0.38	1.69	1.16	0.75	1.81
年金 （基準：厚生年金 （加入））						
厚生年金 （加入）	1.00			1.00		
共済年金 （加入）	0.61	0.36	1.06	1.52	0.82	2.80
公的年金受給 （障害・遺族年金）	2.53	0.66	9.77	0.92	0.29	2.95
国民年金 （支払っている）	0.91	0.54	1.52	1.14	0.76	1.70
国民年金 （免除・納付猶予）	1.06	0.57	1.99	0.56	0.30	1.07
国民年金 （未納）	5.11**	1.61	16.24	1.89	0.54	6.68
国民年金 （第3号被保険者）	0.47	0.04	5.08	0.81	0.53	1.22
金融クイズ （基準：4点）						
0点	19.58**	8.92	42.95	7.08**	4.11	12.19
1点	6.19**	4.02	9.53	4.62**	2.95	7.24
2点	3.76**	2.54	5.55	3.79**	2.46	5.86
3点	2.49**	1.70	3.67	2.60**	1.63	4.13
4点	1.00			1.00		
定数項	0.63			0.23**		

**，*は，それぞれ1％，5％水準で有意。

（出所）　佐々木［2017b］。

300万円未満の場合，年金リテラシーは低い。

　年金種別については，厚生年金加入者を基準にすると，国民年金未納者は年金リテラシーが顕著に低い（オッズ比3.15，95％信頼区間1.36-7.28）。

4-3　推定結果2：
　　　金融リテラシーが低い場合，年金リテラシーは顕著に低い

　金融リテラシーは，金融クイズ4問について，正解数0〜4点に分類している。4問全問正解の場合，年金リテラシーは顕著に高い。

　モデル4，モデル5は，それぞれ，男性，女性のみのサンプルで分析した結果である。男性のケースでは，国民年金未納者は，年金リテラシーが有意に低い。女性のケースでは，統計的に有意ではないものの，国民年金未納者の場合，年金リテラシーは低い傾向がある。また，男女ともに，金融クイズの得点が高い場合，年金リテラシーは有意に高い。

5　年金と金融のリテラシーを融合した教育の重要性

　これまでの先行研究では，金融リテラシーの影響要因を分析する研究は多く蓄積される一方で，年金リテラシーの影響要因についてはあまり分析されることはなかった。本章の分析結果より，国民年金リテラシーが低い人々の特徴として，男性であること，20代の若い世代であること，金融資産保有額が少ないこと，年金種別では国民年金未納者であること，金融リテラシーが低いことなどが明らかになった。

　次に，金融リテラシーが低い場合，年金リテラシーも低いという結果が本章の分析結果から示された。つまり，金融リテラシーが低い人々は，年金リテラシーも低くなりやすく，金融リテラシーが高い人々は，年金リテラシーも高くなりやすいことが示されたことになる。このようなリテラシー格差を縮小するためにも，金融と年金の教育は，両教育を融合した展開が重要であることが示唆される。

　なお，現在，日本では，高齢者世帯の老後収入源の6割以上が公的年金で占められている。年金未納による老後の低年金や無年金は，老後の貧困リスクに直結しやすい。国民年金未納者は年金リテラシーが顕著に低いことが本章の分析結果より示されたことから，とりわけ国民年金未納者の年金リテラシー向上

は，老後の貧困リスク予防の観点からも重要な年金政策上の課題であることが示唆される。

　金融リテラシーが低い人々の金融行動の特徴を分析した Calcagno and Monticone［2015］の研究からは，金融リテラシーが不足した人々は，専門家にアドバイスを求めない傾向が顕著であることを明らかにしている。むしろ，金融専門家は，金融リテラシーの高い投資家に対してより多くの情報を提供する傾向にあり，金融リテラシーが不足する人々は，ますます金融情報と疎遠になることが示されている。

　仮に，年金リテラシー領域でも同じような年金情報収集行動があてはまる場合は，年金リテラシーが低い人々に自発的に年金知識収集を任せていても，積極的な年金情報収集や年金リテラシー向上はあまり期待できないかもしれない。年金リテラシーが高い人々は年金情報収集に積極的でますます年金リテラシーが豊富になり，年金リテラシーが低い人々は年金情報収集に消極的で年金リテラシーが低いままの場合，両者の年金リテラシー格差は拡大することも懸念される。

　年金情報格差を縮小するためには，学校教育現場等で，本人の年金情報収集の積極さの程度にかかわらず，限られた時間の中で，より体系的な年金知識を提供することが重要であると考えられる。なお，保険教育に関する先駆的な研究である家森［2015］は，中学・高校の学校現場での保険教育の実施状況等を分析している。家森［2015］の研究から，学校の先生は保険教育の必要性を高く認識しているが，実際に授業で取り上げられることは少ない実態があること，学校教育現場での保険教育の普及・実施状況を高めるためには必要性の認識を高めるだけでは不十分であることを明らかにしている。年金教育の充実を高める上でも，保険と同じような課題があることも考えられる。

6　まとめ

　Webアンケート調査データ2,000サンプルを用いた本章の分析結果から，金融リテラシーが低いこと，男性であること，20代の若い世代であること，金融資産保有額が低いこと，国民年金未納である場合，年金リテラシーは顕著に低いことが明らかになった。年金リテラシーと金融リテラシーの因果関係を分析すること，年金教育と金融教育を融合した教育の相乗効果を分析することは，

今後の研究課題である。

第**8**章

繰下げ受給の年金知識不足
－なぜ70歳年金受給は少ないのか，どのような人々が70歳を超えても高齢就労しているのか－

1　何歳まで働き，何歳から年金を受給するか

　高齢社会のわが国では，高齢就業と年金受給開始年齢への関心が高まってきている。企業の多くは，60歳または65歳定年制である。定年を迎えると，多くの人々は無職や非正規雇用になるため，就労収入は大きく落ち込み，年金中心の生活になる。65歳以降の高齢者では，平均で，老後収入源の約6割が年金収入，約2割が稼働所得で支えられている（厚生労働省［2017］）。人生100年時代，個人貯蓄枯渇リスク・健康リスク・就業リスク等に直面しながら，60歳，70歳を過ぎても働き続けるべきか，自分自身が年金とどのように向き合うかは，経済面での人生の質を大きく左右する（**表8-1参照**）。

　なかでも，年金受給開始年齢を何歳からに設定するかは，自分の意思決定次第で，年金月額，生涯年金受給総額が大幅に変動し，老後収入水準への影響が大きい。公的年金の受給は，通常は65歳から開始が目安であるが，実は60～70歳で，受給開始年齢を自由に選択できる。早く受け取ると減額になり，遅く受け取ると増額になる。

　繰上げ受給は，年金受給開始年齢を例えば65歳から60歳に早くすると，65歳から受け取れる年金月額と比較して，0.70倍に減額された年金月額を生涯にわたり受給できる。また，繰下げ受給は，年金受給開始を例えば65歳から70歳へ遅らせると，65歳から受け取れる年金月額と比較して，1.42倍の年金月額を生涯にわたり受給できる（**図8-1参照**）。

表8-1 本章の問題意識と主要分析結果

1	年金受給月額が減額されるのに，主に60〜64歳に年金受給を早める高齢者の割合は，30%を超えている。いっぽう，主に66〜70歳に繰下げ受給すれば，年金月額が増額されるにもかかわらず，繰下げ受給する高齢者の割合は，2%を下回る。なぜか。
2	本章の調査・分析の結果，70〜74歳の高齢者の約9割が，70歳繰下げ受給による1.42倍増額の年金知識がなく，しかも，この1.42倍の増額率を大幅に低く認識していた。
3	70歳受給選択が少ない理由の1つとして，周知度の低さが原因と考えられる。
4	ただし，高齢者による70歳受給選択が安心して普及するためには，周知不足解消に加え，70歳就労の環境整備，健康寿命延伸，個人貯蓄による備え等の条件が満たされることも重要である。

（出所）　佐々木［2019］。

図8-1 年金受給開始年齢と年金増額率・減額率

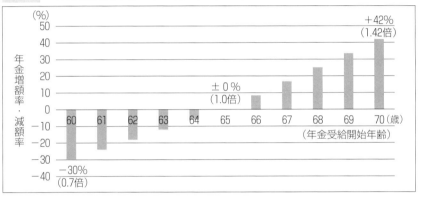

（注）　公的年金の年金月額は，2022年4月以降については，60歳繰上げ受給の場合は0.76倍，75歳繰下げ受給の場合は1.84倍などに変更になる。
（出所）　「老齢年金ガイド令和3年度版」（日本年金機構）。

　仮に65歳受給開始の年金月額を10万円とする。60歳から月々7万円に減額された年金を受給しても，65歳から月々10万円の年金額を受給しても，70歳から14万2000円に増額された年金を受給しても，どの受給開始パターンでも，平均寿命まで生きる場合には，年金財政面で顕著な差は出ないように，公的年金制度は設計されている。60〜70歳にある程度まんべんなく均等に，日本全体の受給開始年齢が分布しても不思議ではないだろう。

　だが，年金増額1.42倍にもかかわらず，70歳受給開始を選択する割合は，極めて少ないという年金パズルがある。現実の高齢者の行動をみると，少しでも早く年金を受け取ろうという高齢者も少なくはなく，年齢分布に大きな偏りが

図8-2　　国民年金の繰上げ受給率と繰下げ受給率（平成29年度末現在）

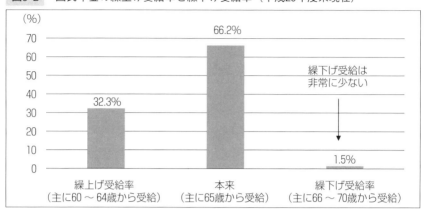

（出所）　「平成29年度 厚生年金保険・国民年金事業の概況」（厚生労働省年金局，平成30年12月）。

　みられる。**図8-2**のとおり，国民年金についてみると，年金受給開始年齢を65歳，あるいは65歳よりも早める人は多いが，主に66歳～70歳に遅らせる人は殆どいない（厚生労働省［2019b］）。主に66歳以降に年金受給を自発的に遅らせる割合は，わずか1.5％しかない。

　なぜであろうか。その理由には，70歳まで遅らせる経済的余裕がないことや，70歳以降に長く生きる自信がないこと，お金の時間価値がより若いときほど高いことなど，合理的理由も考えられる。高齢期には就業機会や健康寿命が急速に低下しやすいので，同じ5年間でも，年金開始を65歳から70歳まで遅らせることの影響は，60歳から65歳まで遅らせることの影響よりも，大きく感じられるかもしれない。

　だが別の理由として，周知不足，年金知識不足が原因であることも考えられる。年金増額の仕組みがあること自体を知らないケースや，1.42倍増額を1.42倍よりもかなり低く見積もっているケースなど，周知不足，年金知識不足から，過小評価している人々が多くいることも考えられる。

　70歳年金受給選択が増える前提条件には，70歳繰上げ受給で年金額1.42倍になることの周知度が高まること，70歳までの老後生活費をカバーできるように高齢就業環境が整備されること，健康寿命が延びること，個人貯蓄が増えていくことなどの諸要因がかかわっていると思われる。繰下げ受給の制度を知らなければ，他の条件が満たされても利用は進みにくい。そのため，繰下げ受給の

仕組みの周知度は，これらの諸要因のなかでも重要な1つと考えられる。

　もし年金知識不足のために，70歳受給開始が選択されていないケースが多いならば，ミスマッチの年金選択は，高齢者の経済的機会損失が広がりかねない。機会損失を防ぐため，年金教育・年金広報で周知度を高めることで，最適な年金受給開始年齢を選択できるように改善が必要である。

2　先行研究

2-1　年金受給開始年齢の決定要因の先行研究

　駒村［2007］は，都道府県別・男女別の国民年金の繰上げ受給を分析している。都道府県別の分析結果から，同研究は，女性については，長寿の場合ほど，繰上げ受給が顕著に少ないことを明らかにしている。繰上げ受給をすると，その後に受け取れる年金月額は生涯にわたり減額されるため，長寿者にとっては不利である。女性の場合には長寿者ほど繰上げ受給を選択しないことが示されたため，国民年金の繰上げ受給については，短命予想者が早めに年金受給するという，逆選択が働いている可能性が指摘されている。

　Shimizutani and Oshio［2012］は，何歳から年金を受給するのか，年金受給開始年齢の決定要因を分析している。厚生年金・共済年金については，低資産，短命予想，主観的割引率が大きいことが，年金受給開始年齢を早め，繰上げ受給を促進することをデータから実証的に明らかにしている。国民年金受給者については，有意な結果は得られなかったとしている。

　中澤・影山・鳥羽・高村［2014］は，マクロ面から年金受給開始年齢引き上げの影響を分析している。同研究は，年金受給開始年齢の引き上げは，中長期でみた場合には，年金給付総額を増加させるように作用する可能性が高いことを示している。

2-2　在職老齢年金制度による年金減額と高齢者の就業抑制，就業行動の先行研究

　現行の在職老齢年金制度では，年金額や就業収入額が所定金額を超えると，年金額が減額される。そのため，年金制度は高齢者の就業を抑制することがこれまで多くの先行研究から明らかにされてきている（清家・山田［1996］,岩

本［2000］,石井・黒澤［2009］,高山・白石［2017］)。

　岩本［2000］は,「国民生活基礎調査」(厚生省) の多期間のデータを用いて,男性高齢者の就業と年金を分析している。在職老齢年金は60～64歳の男性の就業率を約5%低下させることを明らかにしている。

　高山・白石［2017］は,56～69歳の男性であること,56歳時点で厚生年金保険に加入していた実績があること,あるいは調査時点で厚生年金保険の加入が20年以上であることの条件を満たす人々を対象に,年金と高齢者就業の関係について分析している。年金減額をせずに年金を受給するために,就業収入を低くする傾向がみられることを明らかにしている。

　一方,年金減額による高齢者の就業意欲低下を緩和するため,年収制限や年金減額を小さくする年金制度改革が進んできている。山田［2012］は,「高年齢者の雇用・就業の実態に関する調査」データから,60～69歳の高齢者を対象に分析している。63歳と64歳の一部を除くと,在職老齢年金制度が高齢者就業を抑制する効果はみられなかったことを明らかにしている。

　次に,高齢者の就業行動の影響要因の先行研究については,石井・黒澤［2009］は,高齢者のフルタイム就業にマイナスの影響を及ぼす要因として,より高齢であること,企業年金受給額が大きいこと,健康状態が悪いことなどを明らかにしている。また,高山・白石［2017］は,年金受給開始後の高齢者の就労停止要因として,退職金,企業年金,500万円以上貯蓄があることなど,経済面で豊かな人々は,より早く就労停止する傾向があることを明らかにしている。

2-3　研究の空白域：
70歳受給開始で年金1.42倍増額になることの年金知識不足

　年金受給開始年齢に注目した研究において,中澤・影山・鳥羽・高村［2014］は,年金受給開始年齢引き上げが年金財政や世代単位でのマクロ的な影響を分析した代表的研究である。また,駒村［2007］やShimizutani and Oshio［2012］は,年金受給開始年齢に影響する要因を,予想寿命,経済的理由,主観的割引率等の点から先駆的に分析している。だが,一方で,年金受給開始年齢引き上げによる個人レベルの影響を分析することや,70歳に繰下げた場合の年金月額が何倍になるかについての個人の主観予想のあり方については,これまでの先行研究では十分に焦点が当てられていない。

　そのため，65歳から70歳へ年金受給開始年齢を遅らせた場合，年金月額が42%増額になることは，どの程度，周知されているのか，また，65歳から70歳へ年金受給開始年齢を遅らせた場合，最低で何%程度の年金増額で見合うと人々が考えているのかに関する調査・分析は，殆ど行われていない。

　さらに先行研究では，60〜69歳の年齢帯を対象にした研究が多く，70歳超を対象とした研究は少ない。70歳超の高齢者，および，定年が近く高齢準備をこれから行う世代である50〜59歳の世代を対象にした研究が重要と考えられる。

2-4　年金増額1.42倍の年金知識が不足していると考えられる根拠

　公的年金の基盤を支える国民年金は，民間の任意加入の個人年金には備わっていない重要な機能や役割がある。厚生労働省の「平成29年 国民年金被保険者実態調査 結果の概要」は，何歳から年金を受給できるか，老後に年金を受給するには年金保険料を何年間納める必要があるのかなど，人々の基礎的な年金知識を調査し，国民年金の周知度は全般的に低いことを調査データから明らかにしている。同調査では，国民年金の仕組みや役割などについて14項目を調査している。老後の国民年金の受給には，通常，保険料納付期間と免除期間等の合計が10年間以上必要であるが，そのことの周知度は，53.8%である。国民年金給付は半分が国庫負担でまかなわれていることの周知度は，43.9%である。国民年金の実質的価値の維持についての周知度は，39.3%にとどまっている。

　このように，公的年金のベースである国民年金の基礎的なリテラシー項目について，年金知識は全般的に不足している。70歳への年金の繰下げ受給に伴う1.42倍増額についても，年金知識不足が考えられる。その理由としては，わが国では，学校教育現場等で体系的な年金教育が行われていないことに加え，年金リテラシーの習得は，国ごとの年金制度の違いや，負担と給付が長期に及ぶことなどから，複雑でわかりにくいことが考えられる。

　年金の仕組みの理解のためには，お金の時間価値，異なる時点の年金の価値を割引現在価値に換算して比較することなど，金融の知識も必要であるが，人々の金融の知識も低い。金融リテラシーについては，代表的な研究ではLusardi［2019］やLusardi and Mitchell［2011］などがあり，金融リテラシーを，複利計算，インフレ知識，投資リスク分散効果の理解等を測定しているが，年金リテラシーと同様に，人々の金融リテラシーも低い。ただし，研究面では，金融リテラシーの測定や一般化は比較的行いやすく，研究蓄積も進んでいる。

　年金リテラシーの習得は，容易ではないものの，長寿社会では，ますます重要である。Landerretche and Martinez［2013］やFornero and Monticone［2011］などの研究から，年金・金融の知識が少ない人々と比較して，年金・金融知識を多くもつ人々は，年金加入・納付率や個人貯蓄が高く，老後計画をたてる傾向が高く，老後準備の点で，プラスの効果もつことが示唆されている。

　何歳から年金受給を開始し，年金受給月額を何倍にするかの選択は，老後の経済水準や貯蓄枯渇防止を大きく左右する。長寿化が進むことで，年金受給開始年齢と年金増額に関する年金知識をもつことの重要度が高まってきている。

3　本章の目的

3-1　70歳受給開始で年金1.42倍増額になることの理解度の調査・分析

　本章の目的は，3点を明らかにすることである。また，本章では，記述統計については50代と70代前半のケースを分析する。その上で，70代に焦点を当てた年金受給選択と就業の研究が特に少ないことから，ロジスティック回帰分析については70代前半を分析する。

　第1は，60歳に繰上げ受給する割合は多い一方で，70歳に繰下げ受給する割合が顕著に少ない理由として，周知度不足，年金知識不足が理由かどうかを分析することである。70歳受給で年金額1.42倍になることをどの程度知っているか，さらに，1.42倍が過小評価されているかどうかに焦点を当てる。年金増額1.42倍に関する人々の年金知識の実態として，過小評価，適正評価，過大評価のいずれの評価がなされているのかを調査・分析する。過小評価の要因分析も行う。

3-2　最低何％増額されれば，70歳に遅らせてもよいか

　第2は，年金受給額が最低何％増額されれば，年金受給開始年齢を65歳から70歳に遅らせてもよいと考えているのかについて，人々の意識を調査・分析することである。

3-3　70歳就業の行動と意欲の分析

　第3は，70代前半の就業行動・就業意欲の影響要因を分析することである。

70歳に年金受給開始を遅らせるかどうかは，高齢期の就業環境がどの程度整備されているか，また，高齢者自身の就業希望がどの程度あるかということと，表裏の関係にあると考えられる。就業の変数については，70代前半の実際の就業行動と，70代になって以降も働きたいかに関する就業希望意思の２つを用いたうえで，年金増額知識などとの関連を分析する。

4 方 法

4-1 デ ー タ

　本章の分析で使用するデータは，Web調査により収集したデータである。調査実施は，2019年３月である。調査票は筆者が作成し，調査データのWeb収集は調査会社に委託した。日本全国の50～59歳，70～74歳の男女を対象に調査を行った。回収サンプル数は，1000である。50～59歳，70～74歳について，それぞれ，500サンプルずつ回収した。

4-2 アウトカム変数

　アウトカム変数は，３つある。第１は，年金受給開始を65歳から70歳に遅らせた場合の年金受給増額率について，過小評価しているかどうかである。過小評価の35％以下を回答しているか，適正評価の40～45％あるいはそれ以上を回答しているかで，２つに分類した。第２は，70歳前半での実際の就業の有無である。第３は，70歳以上での就業希望意思の有無である。

4-3 説明変数

　説明変数は，人口統計学的要因，社会経済的要因，健康要因等である。人口統計学的要因は，性別（男女），年齢（70～74歳），婚姻状況（既婚，未婚，離婚，死別）に分類した。社会経済的要因は，世帯年収（300万円未満，300～500万円未満，500万円以上），世帯金融資産（300万円未満，300～1,000万円未満，1,000万円以上），受給している年金種別（無年金，国民年金，厚生年金・共済年金，企業年金）に分類した。健康要因は，主観的健康状態であり，本人の主観評価でみた健康状態について，４段階に区分している。老後経済不安は，大きい，やや大きい，やや小さい，小さい，の４つに分類している。就業をア

ウトカムとする分析についてのみ，65歳から70歳に年金受給を遅らせた場合の年金増額予想は，5〜15％増額，20〜35％増額，40％以上増額の3つに分類した。また，毎日が退屈は，あてはまる，ややあてはまる，あまりあてはまらない，あてはまらない，の4つに分類した。

4-4　統計分析

　本章の分析では，ロジスティック回帰分析を用いて，年金増額1.42倍の過小評価，および，70歳就業の要因について，オッズ比と95％信頼区間を算出した。使用サンプルは，70〜74歳の500サンプルである。アウトカム変数は，年金増額1.42倍の過小評価の有無，70〜74歳時点での実際の就業行動，及び，70歳超就業に関する本人の希望・意思である。年金増額1.42倍の過小評価の有無は，年金受給開始を65歳から70歳に遅らせた場合の年金受給額1.42倍（42％増額）について，過小評価している場合，つまり年金増額35％以下を回答の場合は1，適正評価あるいは過大評価している場合，つまり年金増額40％以上を回答の場合は0の2値変数とした。アンケート調査では，年金増額45％までは，5％間隔で回答選択肢を設定しているため，カットオフ値を40％にした。70歳超時点での実際の就業行動は，就業（正規雇用，非正規雇用，自営業・会社経営のいずれか）の場合は1，無職の場合は0の2値変数とした。70歳超就業に関する本人の希望・意思は，70歳を過ぎても働けるかぎり働きたいかどうかについて，働きたいまたはやや働きたい場合は1，あまり働きたくないまたは働きたくない場合は0の2値変数とした。

5　分析結果

5-1　70歳年金繰下げ受給1.42倍の周知度は約1割にとどまる

　表8-2は，アンケート回答者の記述統計量をまとめている。サンプル数は1000，平均年齢は62.9歳（SD=8.8）である。性別は，男女それぞれ，50.0％である。年齢は，50〜59歳が50.0％，70〜74歳が50.0％である。

　年金受給開始年齢を70歳に遅らせた場合の年金増額の年金知識は，「65歳から受給した場合の年金月額を基準とすると，何％くらい，増額されると思いますか」とたずねている。5％増額〜45％増額までは5％間隔で，50%以上増額

表8-2　記述統計量（全体N=1,000人（70～74歳：N=500人，50～59歳：N=500人））

	70～74歳		50～59歳		全体	
	N=500人	%	N=500人	%	N=1,000人	%
性別						
男性	250	50.0	250	50.0	500	50.0
女性	250	50.0	250	50.0	500	50.0
年齢						
平均（SD）	71.4	(SD=1.3)	54.4	(SD=2.9)	62.9	(SD=8.8)
50～59歳	0	0.0	500	100.0	500	50.0
70～74歳	500	100.0	0	0.0	500	50.0
（70歳）	171	34.2				
（71歳）	135	27.0				
（72歳）	93	18.6				
（73歳）	49	9.8				
（74歳）	52	10.4				
婚姻状況						
既婚	390	78.0	323	64.6	713	71.3
未婚	24	4.8	102	20.4	126	12.6
離婚	25	5.0	60	12.0	85	8.5
死別	61	12.2	15	3.0	76	7.6
世帯年収						
300万円未満	175	35.0	94	18.8	269	26.9
300～500万円未満	184	36.8	118	23.6	302	30.2
500万円以上	141	28.2	288	57.6	429	42.9
世帯金融資産						
300万円未満	145	29.0	199	39.8	344	34.4
300～1,000万円未満	104	20.8	147	29.4	251	25.1
1,000万円以上	251	50.2	154	30.8	405	40.5
雇用形態						
正規雇用	16	3.2	236	47.2	252	25.2
非正規雇用	63	12.6	121	24.2	184	18.4
自営業・会社経営	48	9.6	52	10.4	100	10.0
無職	373	74.6	91	18.2	464	46.4
公的年金加入状況（50～59歳）						
国民年金（未加入未納）			26	5.2		
国民年金（加入）			143	28.6		
厚生年金（加入）			325	65.0		
公的年金（障害年金等受給）			6	1.2		
年金受給状況（70～74歳）						
無年金	13	2.6				
国民年金（受給）	101	20.2				
厚生年金・共済年金（受給）	264	52.8				
企業年金（受給）	122	24.4				
老後経済不安						
大きい	143	28.6	190	38.0	333	33.3

やや大きい	218	43.6	207	41.4	425	42.5
やや小さい	110	22.0	74	14.8	184	18.4
小さい	29	5.8	29	5.8	58	5.8
日常生活での笑い						
よく笑う	48	9.6	63	12.6	111	11.1
やや笑う	227	45.4	174	34.8	401	40.1
あまり笑わない	182	36.4	210	42.0	392	39.2
笑わない	43	8.6	53	10.6	96	9.6
毎日が退屈						
あてはまる	13	2.6	6	1.2	19	1.9
ややあてはまる	89	17.8	31	6.2	120	12.0
あまりあてはまらない	206	41.2	188	37.6	394	39.4
あてはまらない	192	38.4	275	55.0	467	46.7
現在の経済状況						
苦しい	63	12.6	107	21.4	170	17.0
やや苦しい	166	33.2	168	33.6	334	33.4
あまり苦しくない	223	44.6	188	37.6	411	41.1
苦しくない	48	9.6	37	7.4	85	8.5
70歳就業希望						
働きたい	78	15.6	93	18.6	171	17.1
やや働きたい	131	26.2	148	29.6	279	27.9
あまり働きたくない	152	30.4	166	33.2	318	31.8
働きたくない	139	27.8	93	18.6	232	23.2
主観的健康状態						
よい	70	14.0	60	12.0	130	13.0
ややよい	259	51.8	235	47.0	494	49.4
あまりよくない	131	26.2	161	32.2	292	29.2
よくない	40	8.0	44	8.8	84	8.4
年金増額率の予想回答（65歳から70歳に年金受給開始を遅らせた場合，年金増額は何％になると思うか）						
5％増額	171	34.2	193	38.6	364	36.4
10～15％増額	183	36.6	156	31.2	339	33.9
20～25％増額	67	13.4	61	12.2	128	12.8
30～35％増額	32	6.4	32	6.4	64	6.4
40～45％増額	27	5.4	24	4.8	51	5.1
50％以上増額	20	4.0	34	6.8	54	5.4
70歳年金増額希望率（最低何％増額になるなら，65歳から70歳に受給を遅らせたいか（遅らせたかったか））						
5％増額	37	7.4	47	9.4	84	8.4
10～15％増額	106	21.2	78	15.6	184	18.4
20～25％増額	138	27.6	88	17.6	226	22.6
30～35％増額	87	17.4	101	20.2	188	18.8
40～45％増額	34	6.8	23	4.6	57	5.7
50％以上増額	98	19.6	163	32.6	261	26.1

（出所）　佐々木 [2019]。

図8-3　65歳から70歳に年金受給開始を遅らせた場合，年金は何％増額になると思うか（70～74歳：N=500人，50～59歳：N=500人）

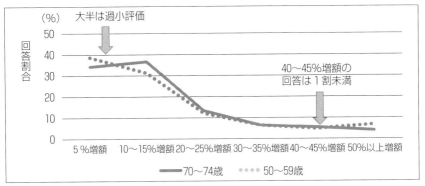

（注）　年金受給開始年齢を65歳から70歳に遅らせた場合，年金は1.42倍（42％増額）になる。
（出所）　佐々木［2019］。

は50％以上増額の一括で，回答選択肢を設定している。年金増額の希望率の回答選択肢も，同様の区分で回答選択肢を設定した。表8-2の記述統計量と**図8-3**では，10～45％増額については，10％ずつでまとめたものを表示している。42％増額が正解であるので，40～45％増額を回答した場合を，正解とした。

　70～74歳の回答者について，正解である40～45％増額を回答したのは，5.4％である。50％以上増額を回答したのは，4.0％である。正解の増額かそれ以上の増額を回答した割合は，9.4％であり，1割にも満たない。約9割は，年金増額について，過小評価した回答結果となっている。5％増額は34.2％，10～15％増額は36.6％であり，15％増額までと考える回答の割合が約7割を占めている。

　また，70歳への年金繰上げを行う場合の年金増額の希望率は，「仮に，最低で何％増額されるなら，あなたは，公的年金の受給開始年齢を，65歳から70歳に遅らせたい（遅らせたかった）と思いますか」とたずねている。70～74歳の回答者について，40～45％増額の回答割合は6.8％，50％以上増額の回答割合は19.6％である。40％以上増額を回答した割合は，合計しても3割を下回る。増額25％までという回答割合は，全体の5割超を占めている。

　図8-3より，年金受給開始年齢を70歳に遅らせた場合の年金増額知識の回答結果は，50～59歳回答者群と70～74歳回答者群について，いずれも過小評価傾向が強い。また，**図8-4**より，70歳への年金繰上げを行う場合の年金増額の希

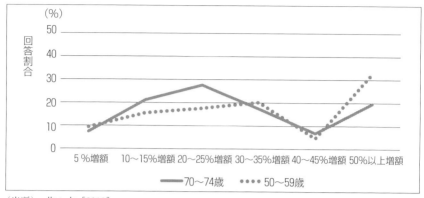

図8-4　最低何％増額になるなら，65歳から70歳に年金受給開始を遅らせたいか（遅らせたかったか）（70〜74歳：N=500人，50〜59歳：N=500人）

（出所）　佐々木［2019］。

望率は，実際の年金増額42％よりも低い回答が多い。

5-2　年金増額1.42倍の過小評価の要因分析：無年金，老後経済不安が大きい場合，70歳年金増額1.42倍を過小評価する傾向が顕著

　図8-5，図8-6は，年金受給70歳で1.4倍以上年金増額になると思う回答の割合と，老後経済不安，年金種別との関係をクロス的にまとめている。老後経済不安が小さい場合，国民年金・無年金の場合で，年金受給70歳で1.4倍以上年金増額になると思う回答の割合が高い。逆に，老後経済不安が大きい場合，企業年金の場合で，年金受給70歳で1.4倍以上年金増額になると思う回答の割合は低く，過小評価の割合が高い。

　表8-3は，70歳年金受給の年金増額1.42倍の過小評価に関するロジット推定結果を示している。年金受給開始年齢を70歳にした場合，年金増額1.42倍よりも過小評価する人々の特徴を，ロジスティック回帰分析から明らかにした結果を表示している。

　70歳年金増額の正解が42％であること，5％間隔で回答選択肢を設定していることから，本章の分析結果の表8-3では，40％〜45％増額を回答した場合を正解とみなした。その上で，35％以下を回答した場合は過小評価しているとし，40％以上を回答した場合は過小評価していないと分類した。

図8-5　65歳から70歳に年金受給開始を遅らせた場合，年金増額は1.4倍以上になると思うと回答した割合：「老後経済不安」で分類した場合（N=500人，70〜74歳）

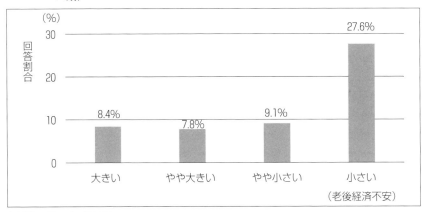

（出所）　佐々木［2019］。

図8-6　65歳から70歳に年金受給開始を遅らせた場合，年金増額は1.4倍以上になると思うと回答した割合：「受給する年金種別」で分類した場合（N=500人，70〜74歳）

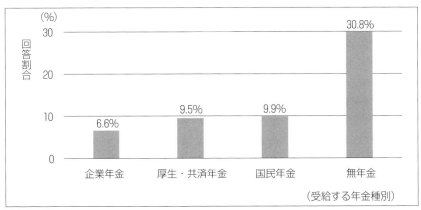

（出所）　佐々木［2019］。

　年金受給開始年齢を70歳にした場合の年金増額の過小評価については，男性，老後経済不安が小さい場合，過小評価は生じにくい。受給している年金種別は，企業年金受給者を基準にすると，無年金者の場合，年金増額の過小評価は少ない。

表8-3　70歳年金受給の年金増額1.42倍の過小評価に関するロジット推定結果
（N=500人，70〜74歳）

	オッズ比	95%信頼区間	有意確率
性別（基準：女性）			
男性	0.43*	(0.20, 0.92)	0.031
女性	1.00		
年齢（基準：70歳）			
70歳	1.00		
71歳	0.90	(0.42, 1.94)	0.788
72歳	2.06	(0.75, 5.66)	0.162
73歳	2.12	(0.57, 7.93)	0.266
74歳	2.70	(0.68, 10.71)	0.157
婚姻状況（基準：既婚）			
既婚	1.00		
未婚	2.13	(0.26, 17.76)	0.483
離婚	0.75	(0.18, 3.17)	0.692
死別	0.32*	(0.13, 0.82)	0.017
世帯年収（基準：300万円未満）			
300万円未満	1.00		
300〜500万円未満	1.01	(0.44, 2.33)	0.979
500万円以上	1.22	(0.49, 3.06)	0.665
世帯金融資産（基準：300万円未満）			
300万円未満	1.00		
300〜1,000万円未満	0.62	(0.23, 1.68)	0.351
1,000万円以上	0.64	(0.26, 1.55)	0.322
老後経済不安（基準：大きい）			
大きい	1.00		
やや大きい	1.06	(0.47, 2.40)	0.889
やや小さい	0.86	(0.33, 2.22)	0.752
小さい	0.25*	(0.078, 0.82)	0.022
主観的健康状態（基準：よい）			
よい	1.00		
ややよい	0.99	(0.39, 2.52)	0.982
あまりよくない	1.67	(0.56, 4.95)	0.357
よくない	0.92	(0.25, 3.42)	0.904
年金（70〜74歳）（基準：企業年金（受給））			
企業年金（受給）	1.00		
厚生年金・共済年金（受給）	0.49	(0.20, 1.19)	0.114
国民年金（受給）	0.40	(0.13, 1.21)	0.105
無年金	0.094**	(0.016, 0.55)	0.009
定数項	37.67**		<0.001

**, *は，それぞれ1％，5％水準で有意。
（出所）　佐々木 [2019]。

図8-7 70歳を過ぎても, 働ける限り, 働きたい回答の割合:
「現在の経済状況」で分類した場合 (N=500人, 70〜74歳)

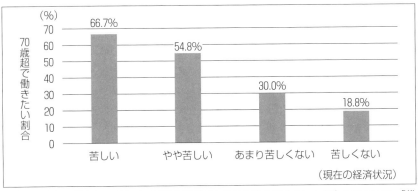

(注) 70歳超で働きたい割合は, 70歳を過ぎても働ける限り働きたいかどうかについて,「働きたい」と「やや働きたい」を合計した割合である。図8-8〜図8-10も同じ。
(出所) 図8-7〜図8-10:佐々木 [2019]。

図8-8 70歳を過ぎても, 働ける限り, 働きたい回答の割合:
「日常生活での笑い」で分類した場合 (N=500人, 70〜74歳)

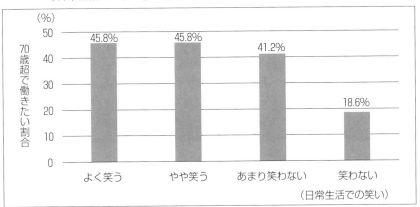

5-3 低資産・無年金・国民年金受給者は70歳以上就業率が高い

図8-7〜図8-10は, 70歳を過ぎても働ける限り働きたい回答の割合と, 現在の経済状況, 日常生活での笑い, 現在の健康状態, 年金種別との関係をクロス的に図示している。現在の経済状況が苦しい場合, 日常生活でよく笑う場合, 現在の健康状態がよい場合, 無年金や厚生年金・共済年金受給の場合で, 70歳

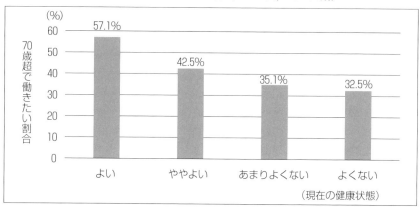

図8-9　70歳を過ぎても，働ける限り，働きたい回答の割合：
「現在の健康状態」で分類した場合（N=500人，70〜74歳）

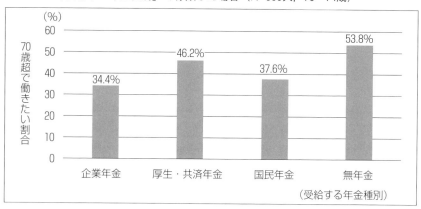

図8-10　70歳を過ぎても，働ける限り，働きたい回答の割合：
「受給する年金種別」で分類した場合（N=500人，70〜74歳）

を過ぎても働ける限り働きたい回答の割合が高い。

　表8-4は，70歳以上時点での実際の就業行動，就業希望に関するロジット推定結果をまとめている。70歳以上の就業率は，男性は女性よりも顕著に高い。社会経済的要因については，世帯年収が高く，世帯金融資産が少ない場合，70歳以上の就業率は高い。年金増額率の予想回答は，統計的に有意ではないが，増額率を多く予想する場合，70歳以上の就業率は高い傾向がある。年金種別は，企業年金受給者を基準にすると，国民年金受給者，無年金者の場合，70歳以上

表8-4　70歳超の就業実際と就業希望に関するロジット推定結果（N=500人，70〜74歳）

	モデル1（N=500人）70歳以上就業あり（実際）			モデル2（N=500人）70歳就業希望あり（本人希望意思）		
	オッズ比	95%信頼区間	有意確率	オッズ比	95%信頼区間	有意確率
性別（基準：女性）						
男性	3.01**	(1.75, 5.17)	＜0.001	1.74*	(1.10, 2.77)	0.019
女性	1.00			1.00		
年齢（基準：70歳）						
70歳	1.00			1.00		
71歳	1.02	(0.57, 1.83)	0.942	0.90	(0.54, 1.52)	0.701
72歳	1.02	(0.54, 1.91)	0.960	1.17	(0.66, 2.09)	0.592
73歳	0.79	(0.34, 1.83)	0.577	1.27	(0.61, 2.63)	0.520
74歳	0.50	(0.20, 1.29)	0.152	0.54	(0.25, 1.14)	0.104
婚姻状況（基準：既婚）						
既婚	1.00			1.00		
未婚	0.37	(0.091, 1.50)	0.163	0.38	(0.13, 1.14)	0.084
離婚	0.75	(0.23, 2.39)	0.626	0.57	(0.22, 1.45)	0.236
死別	0.65	(0.28, 1.51)	0.322	0.67	(0.34, 1.33)	0.253
世帯年収（基準：300万円未満）						
300万円未満	1.00			1.00		
300〜500万円未満	1.33	(0.71, 2.47)	0.376	1.04	(0.62, 1.74)	0.895
500万円以上	4.59**	(2.38, 8.86)	＜0.001	1.61	(0.91, 2.84)	0.101
世帯金融資産（基準：300万円未満）						
300万円未満	1.00			1.00		
300〜1,000万円未満	0.87	(0.45, 1.70)	0.683	0.95	(0.53, 1.72)	0.867
1,000万円以上	0.53*	(0.28, 0.99)	0.045	0.66	(0.39, 1.13)	0.128
老後経済不安（基準：大きい）						
大きい	1.00			1.00		
やや大きい	0.82	(0.47, 1.42)	0.478	0.40**	(0.24, 0.65)	＜0.001
やや小さい	0.55	(0.28, 1.09)	0.089	0.15**	(0.081, 0.29)	＜0.001
小さい	0.32	(0.10, 1.03)	0.056	0.16**	(0.054, 0.45)	0.001
毎日が退屈（基準：あてはまる）						
あてはまる	1.00			1.00		
ややあてはまる	1.12	(0.19, 6.59)	0.903	0.72	(0.19, 2.76)	0.636
あまりあてはまらない	1.69	(0.30, 9.40)	0.549	0.68	(0.19, 2.50)	0.564
あてはまらない	4.99	(0.90, 27.64)	0.066	0.65	(0.18, 2.37)	0.515
主観的健康状態（基準：よい）						
よい	1.00			1.00		
ややよい	1.61	(0.80, 3.26)	0.183	0.51*	(0.28, 0.96)	0.036
あまりよくない	1.28	(0.59, 2.80)	0.535	0.31**	(0.16, 0.63)	0.001
よくない	0.82	(0.27, 2.48)	0.724	0.22**	(0.084, 0.56)	0.002

年金増額率の予想回答（65歳から70歳に年金受給開始を遅らせた場合，年金増額は何%になると思うか）（基準：5～15%増額）						
5～15%増額	1.00			1.00		
20～35%増額	1.58	(0.89, 2.79)	0.118	1.43	(0.86, 2.37)	0.172
40%以上増額	1.94	(0.91, 4.10)	0.085	1.17	(0.57, 2.40)	0.669
公的年金受給状況（70～74歳）（基準：企業年金（受給））						
企業年金（受給）	1.00			1.00		
厚生年金・共済年金（受給）	1.62	(0.90, 2.92)	0.110	2.05**	(1.21, 3.45)	0.007
国民年金（受給）	2.32*	(1.08, 4.96)	0.031	1.52	(0.78, 2.97)	0.217
無年金	6.63*	(1.57, 27.98)	0.010	4.84*	(1.10, 21.38)	0.037
定数項	0.035**		0.001	2.85		0.180

（注）　モデル1：70歳以上就業あり（実際）の被説明変数は，就業（正規雇用，非正規雇用，自営業・会社経営のいずれか）の場合は1，無職の場合は0の2値変数である。また，モデル2：70歳就業希望あり（本人希望意思）は，70歳を過ぎても働ける限り働きたいかどうかについて，「働きたい」または「やや働きたい」の場合は1，「あまり働きたくない」または「働きたくない」の場合は0の2値変数である。
**，*は，それぞれ1%，5%水準で有意。
（出所）　佐々木［2019］。

の就業率は有意に高い。

　また，70歳以上での就業希望については，男性，老後経済不安が大きいこと，主観的健康状態が良いこと，厚生年金・共済年金受給者，無年金者の場合，就業希望の割合は有意に高い。

6　老後状況の変化と使いやすい年金制度

　本章の調査・分析結果から，70歳への年金繰下げ受給で年金増額1.42倍になることの年金知識は不足していること，年金増額1.42倍が過小評価されていること，過小評価が生じやすい要因が明らかになった。年金増額1.42倍を低く過小評価する傾向があるのは，男性よりも女性，老後経済不安が大きいことなどであることが示された。さらに，実際の70歳就業は，女性よりも男性，高年収，低資産，年金種別は国民年金，無年金の場合で，割合が高いことが明らかになった。70歳就業希望については，女性よりも男性，老後経済不安が大きいこと，主観的健康状態が良いこと，年金種別は厚生年金・共済年金受給者，無年金者の場合，70歳就業希望の割合は高いことが示された。

　厚生労働省［2019］の調査結果では，基本的な年金知識が不足しているとい

う重要な実態が示されているが，70歳繰下げ受給に伴う年金増額1.42倍の理解度については，調査対象に含められていなかった。本章の調査・分析により，70歳年金受給開始の年金増額1.42倍の年金知識は不足しているだけではなく，過小評価が顕著であることが示唆された。公的年金給付は，高齢者の老後収入源の平均約6割を占めている。70歳繰下げによる年金増額1.42倍の年金知識不足は，効用最大化や老後準備の点からみて，本来であれば繰下げ受給したほうがよい場合であるにもかかわらず，繰下げ受給が選択されず，個人の老後準備最適化が阻害されているケースが一定数存在する可能性があることを示唆している。

　ただし，70歳受給開始で年金額1.42倍の周知度が高まっても，70歳繰下げ受給がただちに増加するとは限らない。70歳まで年金受給を待てるかどうかは，周知度以外の条件も重要である。周知度の高まりに加え，高齢就労環境の整備，健康寿命増進，十分な個人貯蓄などの条件が充足されることも，70歳繰下げ受給が安心して有効活用されるための条件と考えられる。

　また，老後の健康状態，就労状況，ライフタイルは変化し続け，個人ごとの多様性が大きい。高齢期を一律に捉えず，60代，70代，80代以降の多様性や変化を考慮して，年金受給開始年齢の問題を考えることが重要である。

　なお，今後，周知度が高まり，長寿者が70歳受給1.42倍に集中する可能性もある。国全体の年金支給総額が増大し，年金財政が逼迫することも考えられる。その場合は，1.42倍という現行の倍率について，寿命と年金数理のバランスを考慮して，修正が必要になると思われる。

　70歳繰下げ受給の年金増額1.42倍について，過小評価が多くみられたのは，公的年金財政の不安定性などで，1.42倍増額の将来の永続可能性が低く評価されたためであることも考えられる。年金財政基盤や年金制度そのものへの信頼感と，70歳繰下げによる1.42倍の認識との関係の分析は，今後の研究課題である。

7　年金教育への示唆

　何歳から年金を受給するかは，何歳まで働けるか，何歳まで健康か，さらには就業環境の整備状況とも密接にかかわってくる。年金本体に限定せず，学習範囲を拡張した新年金教育の提案が重要と考えられる。

7-1　70歳受給開始1.42倍の年金知識の周知拡大

　本章の分析結果から，年金受給開始70歳で約1.42倍に年金増額になることの年金知識は非常に低く，過小評価がみられることが示唆された。この分析結果を受け，第1は，年金受給開始年齢と年金増額に関する年金知識項目を，年金教育に重点導入することである。繰下げ受給に関する年金知識があれば70歳受給で1.42倍の年金を選択していたにもかかわらず，年金知識不足で選択していない人々にとっては，機会損失が生じるリスクがある。

　もちろん，経済状況，就業状況，健康状態等が異なるため，個々人の状況ごとに，最適な年金受給年齢には違いがみられると考えられる。繰上げ受給，本来受給，繰下げ受給のいずれがよいとは一律にはいえない。重要なことは，何歳から受給すると，年金月額が何倍になるかを十分に理解したうえで，受給開始年齢を決定することである。

　年金受給の選択は，60代以降の就業可能性や健康状態・予想寿命など，不確実性，不確定要素が大きい年金教育項目である。受給開始の年齢の違いで，老後に受給できる年金月額は大きく変わること，60歳受給では0.7倍，65歳受給では1.0倍，70歳受給では1.42倍になることを，現役時から理解できるように，年金教育メニューに取り込むことが重要である。

7-2　年金教育の範囲・領域の拡張

　年金受給開始年齢の選択は，何歳くらいまで働くか，何歳くらいまで自立して健康なことが多いかなど，就業や健康・寿命と密接な関係がある。また，長寿化のなかで，老後生活資金の一部を，年金だけではなく，高齢就労収入でカバーする必要も高まってきている。そのため，第2は，直接，年金にかかわることに限定せず，老後準備にかかわる就業と健康・寿命を含め，年金教育の範囲・領域を拡張することが重要である。

7-3　年金種別と老後の年金知識の周知拡大

　公的年金には，主に，国民年金と厚生年金の2つがある。現役時に国民年金と厚生年金のどの年金種別に加入し，老後にどの年金種別を受給するかは，主に，現役時の就業や雇用形態で決まる。厚生年金には，主に，民間企業の正社員や公務員等が加入する。国民年金は，主に，自営業者や無職などの人々が加

入する。老後年金月額の平均は，国民年金受給者は 5 万5,518円，厚生年金受給者は14万7,051円である（厚生労働省［2018a］）。2 倍以上の年金受給格差がある。老後収入源の平均約 6 割を公的年金が占めているのが実態であるため，国民年金受給か厚生年金受給かで，老後の経済力は大きく左右される。

　このように，平均でみると，老後の月々の年金受給額は，年金受給開始年齢選択だけではなく，年金種別による違いも大きい。老後の年金額知識の周知拡大，さらには，できるだけ多くの人々が厚生年金に加入しやすいように，厚生年金のいっそうの適用拡大が重要であると考えられる。

8　ま と め

　本章の分析から，65歳から70歳に年金受給開始年齢を遅らせると年金増額1.42倍になることを知っている割合は，1 割にも満たないこと，過小評価が顕著であることが示された。70歳年金受給選択が少ない理由の 1 つとして，低い周知度，年金知識不足が示唆された。高齢就業については，70〜74歳の約25%が就労していること，70歳を過ぎても働けるかぎり働きたい割合は約 4 割を占めていること，さらには高齢就業の関連要因が示された。

　今後の年金教育では，重点項目として，年金受給開始年齢と年金増額の年金知識を確実に周知していくこと，年金・就業・健康寿命など年金教育の範囲を拡張することなどが重要と思われる。また，年金受給開始年齢を無理なく70歳に選択できるためには，高齢就業の環境整備や健康促進政策をあわせて推進することが重要である。

終　章

幸福な年金制度の設計に向けて

1　本書の主要な結論

1-1　年金制度は幸福度と顕著に関連している：
　　 幸福度は低年金の予防が重要

　日本は世界屈指の健康長寿国で皆年金の仕組みも整備されているが，幸福度は低く，老後経済不安も高い実態がある。本書は，その主原因の1つとして，年金制度に焦点を当て，20～59歳の男女3,000人を対象にしたアンケート調査データを用いて，老後の年金予想額と老後経済安心感・幸福度との関連を分析した。

　本書の分析の結果，老後の公的年金額を高く予想する人々は，老後の経済的安心感が高く，幸福度が顕著に高いことが明らかになった。幸福度の高い年金制度づくりにおいて，現役世代が将来の老後に対して，より高い年金受給を期待できることの重要性，低年金予防の重要性について，データによる実証的な分析結果から示唆された。

　これらの分析結果は，社会経済的要因のうち先行研究が注目してきた所得・資産の影響を考慮した上でもなお得られた結論であり，年金制度は所得・資産と独立して，年金制度要因は高い幸福感と顕著に関連することが明らかになった。年金制度要因が所得・資産から独立して幸福度と関連するのは，年金収入は寿命不確実性下で何歳まで生存しても枯渇する心配が少なく，枯渇や過不足

等が生じやすい所得・資産と比較して，より高い老後の経済的安心感を得やすいことが理由の1つとして考えられる。

　少子高齢社会の進展，厳しい年金財政制約の中で，より十分な年金を受給できる年金制度をいかに設計するか，低年金を予防するかは，日本社会の老後の経済的安心感，高い幸福度の点からみて，重要な年金政策課題である。

1-2　保険・負債（奨学金）と幸福度

　本書では，年金制度にとどまらず，年金以外の保険・金融的要因（共済・保険，奨学金）にも焦点を当て，幸福度の未知の影響要因を多角的に分析した。幸福度に影響する要因として，老後生活資金を支える年金制度，リスクへの備えとして年金制度と隣接領域にある共済・保険，将来への就労所得・人的資本投資として重要で負債（教育ローン）の側面も持つ奨学金の各要因に着目した。本書の分析の結果，年金制度，保険，奨学金は，幸福度と顕著に関連していることが明らかになった。

　金融的要因のうち，共済・保険は，大きな病気や事故が生じた場合，個人が経済面で安心・安定して生活できることをサポートする経済保障の仕組みである。所得・資産・婚姻状況等の影響を考慮してもなお，保険加入者は，幸福度が顕著に高いことが明らかになった。

　また，奨学金は，経済力にかかわらず，学習意欲の高い学生が大学教育等を受ける機会を得ることで，人的資本を高め，生涯年収を高めることが見込めることなどにより，幸福度にプラスの効果を期待できると考えられる金融手段である。だが，本書の分析結果からは，奨学金は，負債（教育ローン）の側面も持つため，卒業後等の奨学金返済負担感が重いケースでは，低い幸福感と顕著に関連するという負の作用をもつことが明らかになった。

　年金制度・共済・保険・奨学金が安心と幸福度を高めるという機能を最大限に発揮できるように，逆機能が生じることがないようにする制度設計が重要である。財源制約はあるものの，年金制度については低年金の心配のない年金制度設計，共済・保険については病気や事故が生じた場合に所定の経済保障を確実に支給できる安定した運営，奨学金については経済状況に応じて返済負担が過度に生じないように，給付型奨学金をいっそう充実させることが重要と考えられる。

1-3　年金リテラシー不足と老後の低年金リスク

　本書の調査・分析結果から，年金月額が30％減額になる60歳繰上げ受給，年金月額が42％増額になる70歳繰下げ受給の周知度は極めて低いこと，国民年金の免除・納付猶予制度を利用してその後に追納しない場合には老後の年金額は減額されることの周知度は非常に低いことが明らかになった。年金が増額になる仕組み，年金が減額になる仕組みの双方について，家計の年金知識は非常に低く，家計が最適な年金行動を選択できるための前提条件が満たされていないことが示唆された。

　国民年金の免除・納付猶予制度は，障害年金・遺族年金の保障対象になり，重要な年金制度である。また，60歳繰上げ受給も，65歳までの生活費を年金がなくては生活が難しいケースなどでは，重要な年金制度である。しかし，同時に，老後の低年金のリスクがあることの年金リテラシーを十分に持ち合わせたうえで，慎重な利用が重要である。

　新型コロナ問題で家計収入や就業状況が悪化すると，国民年金保険料の免除利用，60歳繰上げ受給利用など，老後の年金減額，低年金につながる年金行動を誘発しやすくなると考えられる。

　さらに，今後，新型コロナ問題が解決し，収束してもなお，日本社会は，少子高齢化，低所得と不安定就業等の経済格差問題に長期的に直面することが考えられる。十分に年金保険料を払えないために免除制度を利用し，65歳まで年金を待てないために老後の低年金になるリスクは，新型コロナ問題の収束いかんにかかわらず，今後も引き続き，解決していかなければいけない重要課題である。

　家計は，免除制度，60歳繰上げ受給，70歳繰下げ受給，厚生年金受給を有効活用するため，年金教育の整備・拡充により，各制度の仕組みや利点を理解すること，年金制度を使いこなせるようになることが重要である。また，国は，家計の努力だけでは経済面で負担が難しいケースについては，免除制度や60歳繰上げ受給を利用した場合でも，年金減額を行わない免除制度の創設など，老後の低年金を予防できる充実した免除制度等を整備することの検討が重要である。

2　年金教育の重要性

2-1　免除制度・60歳繰上げ受給・厚生年金適用拡大の利点とリスクの周知

　国民年金保険料の免除・納付猶予制度は，障害年金と遺族年金の保障対象になるなど，重要な利点がある。しかし，追納しない場合，老後の年金が減額になるリスクがある。そのため，年金減額のリスク面を理解しないまま，免除等制度を利用し，老後に低年金になるおそれがある。60歳繰上げ受給は，65歳の通常受給よりも5年早く受給できるが，年金減額になる。また，厚生年金の適用拡大も，低所得等で厚生年金の掛金が少なく加入期間が短いなどの場合，国民年金のみに加入の場合と老後の年金額があまり変わらないケースもある。低年金リスクになりやすい年金制度について，利点だけではなく，低年金のリスク面も十分に理解したうえで，当該制度を利用することが重要であり，年金教材・年金教育の重点教育項目として取り上げることが必要である。

2-2　基礎と応用

　有用な年金制度を有効活用するための年金知識の習得のため，年金教育を基礎と応用に分類することが一案である。基礎は，何歳からどの種類の公的年金に加入する義務があるか，公的年金には老後の年金給付の保障のほかにも，若年層に対しても障害年金や遺族年金の保障も備わっていることなど，暗記事項である。応用は，不確実性・意思決定を伴う年金学習事項である。応用の代表例は，繰上げ受給と繰下げ受給の仕組みと長所・短所の理解であり，寿命不確実性下で何歳から年金を受給するかにより，年金の損得計算が変わるような，不確実性・意思決定を伴う重要学習事項である。

2-3　シンプルな年金制度の設計，最小学習量

　年金制度の理解度を高めるため，最初から年金制度をシンプルに設計し，最小学習量で優先順位をつけて理解できるようにすることが重要である。年金教育ができるだけ不要になるほどにシンプルな年金制度の仕組みを設計することである。

　現行制度では，国民年金と厚生年金の2種類があり，自分自身がどちらの年

金に加入しているかも分かりにくい。また，年金の負担総額と受給総額の比較，年金の損得計算も理解することは難しい。

　厚生年金受給者の受給権に十分に配慮したうえで，年金制度をシンプルにするため，公的年金の種類を，国民年金と厚生年金の2種類から，1種類に統合することも検討課題の1つであると考えられる。年金格差を少なくすること，自分自身が受給できる年金額を簡単に計算できるように，年金の仕組みを根本からシンプルにすることなどが重要である。

2-4　年金教育の最適な範囲

　年金教育の最適な範囲については，年金制度本体に限らず，隣接領域も含めることが重要である。年金という用語と直接関係するかどうかではなく，老後経済準備に役立つかどうかで，年金教育の範囲に含めるかどうかの識別基準とすることが一案として考えられる。

　公的年金，企業年金，民間保険会社の個人年金，イデコなど，年金に直接関連する項目のほか，株式・投資信託などの私的資産形成も含まれる。また，高齢就労，健康長寿，就労能力を高めるプログラミング教育なども，老後経済準備に役立つので，年金教育に含める。今後も有効求人倍率が安定的に高い仕事，有望な分野の仕事を知ること，AI時代でも人にしかできない仕事を知り，当該領域で仕事をする技能を習得することも，年金教育，老後準備計画の範囲に含めて学習することも，老後資金不足の軽減に役立つと考えられる。

2-5　年金の知覚リスクを解消する

　知覚リスクは，商品やサービスを購入する際，内容や価値が分かりにくいことによる消費者の不安心理の高まりのことである。年金は，知覚リスクが大きい。若年層にとっては，老後の年金受給経験がなく，年金の価値やありがたみを実感することは難しい。さらに，負担と受給が何十年間もの長期間に及ぶこと，負担が先で給付があとにくること，年金給付という形のないサービスであり，生涯で何度も何件も年金に加入する機会は非常に少ないことなどから，公的年金の価値や内容を理解することは難しく，公的年金は知覚リスクが非常に大きいと考えられる。年金の理解が難しい場合，非合理的な年金行動が誘発されやすく，行動経済学における近視眼性，群衆行動，損失回避行動なども生じやすいことが考えられる。年金行動における選択コストの節約を行うことも，

容易ではない。

　年金の知覚リスクを解消する年金教育が重要である。公的年金は老後の老齢年金だけではなく，若年層でも該当するリスクに直面した場合には，障害年金や遺族年金の保障対象になる。また，国民年金は20歳から月々約1万6千円負担して，65歳から生きている限り月々6万5千円を受け取れること，厚生年金の場合は平均で月々約15万円を受け取れることなど，年金額の目安を知ることが重要である。お金の時間価値を考慮したうえで，何歳以上になると，公的年金の損益分岐点年齢を超えるのかについての目安を理解することも必要である。

　また，世代間不公平で若年層ほど損得計算で損になるという考えがある。国民年金は，月々の保険料がいくらであれば損得ゼロの妥当な価格であるのか，同等の保障をもつ民間個人年金について価格（保険料）はいくらかをたずねられた場合，正しく回答できる人は，少ないと思われる。

　月々約1万6千円の同じ負担で，国民年金の場合は老後に月々6万5千円，民間個人年金であればいくら受け取れるというように，比較ができると，国民年金の価値や内容を理解するうえで，参考になると思われる。

2-6　専門家のアドバイスの重要性

　年金と隣接する金融と保険においても，学校教育現場で体系的に学習する機会は殆どない。そのため，金融知識と保険知識も不足していることが知られている。不足する金融・保険知識を収集するため，家計は，テレビ・新聞などのマスメディア，国・地方公共団体，親や友人などの身近な周囲，金融機関・社会保険労務士・FPなどの専門家から，情報収集することができる。学術的な先行研究から，情報収集源として金融・保険の専門家から情報収集する人々は，親や友人などの身近な周囲から情報収集する人々よりも，金融・保険知識が多いことが明らかになっている。親や友人などの身近な周囲は，情報収集はしやすいが，専門家ではないため，正しい金融・保険の専門知識を得ることは難しい。

　年金も金融・保険と同様に，複雑で専門的な内容のため，最適な年金意思決定のためには，専門家からの情報収集が有用と思われる。

3　幸福度と年金制度をめぐる新研究テーマ

　幸福度の高い年金制度にするためには，個人と国は様々な課題に直面しており，社会的議論・検討が必要である（表10-1参照）。さらに，幸福度と年金制度をめぐる新テーマをいっそう研究することが重要である。

3-1　年金給付確実性・年金受給開始年齢の引き上げと幸福度

　今後の幸福度と年金制度をめぐる新研究テーマについて，第1は，年金給付確実性や年金受給開始年齢の引き上げ予想など，年金制度に関する諸要因と幸福度の関係をさらに深く広く分析することである。本書では，老後の年金予想額と幸福度の関係に焦点を当てた。だが，年金制度が幸福度に影響する要因として，老後の年金予想額だけではなく，将来，年金給付をどのくらい確実に受給できるかの意識の度合い，現在は65歳から開始が基本の年金支給が68歳や70歳に引き上げられると懸念する度合い，老後の実際の年金額などが，幸福度に影響することも考えられる。

　これらの年金諸要因のなかで，年金受給開始年齢の引き上げ予想についてみると，年金財政が厳しくなっているため，年金制度は今後，通常受給の年齢が現行の65歳から，68歳，70歳，75歳など，より高い年齢へ引き上げられることも考えられる。年金支給開始年齢の引き上げは，家計からみると，就労所得の空白期間が生じやすくなり，老後経済不安が高まる恐れがある。年金支給開始年齢を何歳まで引き上げられることを予想しているか，引き上げ年齢を高く見積もる人々，あるいは，所定年齢への引き上げ確率を高く見積もる人々ほど，老後経済不安が高まり，幸福度が低くなる傾向がみられるかどうかを分析することは，今後の第1の新研究テーマである。

3-2　年金格差の是正：
所得再分配機能をどこまで強化するか，最適な再分配水準

　第2の研究テーマは，年金格差をどこまで是正するか，年金制度にどこまで所得再分配機能をもたせるかについて分析することである。現行の年金制度では，現役時に多く負担すれば，老後の年金受給額はより高額になる。公的年金は，保険の仕組みで運営されている。そのため，国民年金の免除利用，60歳繰

表10-1　幸福度の高い年金制度にするための個人と国の課題・選択
　　　　　―低年金の予防のためにどこまで年金制度に
　　　　　　社会保障機能・免除整備機能をもたせるか―

個人サイドの課題	年金リテラシーの向上
	(20～59歳の家計) 国民年金保険料の免除・納付猶予制度の利点と負担を十分に理解した上で，利用を慎重に検討する
	(60代の家計) 60歳繰上げ受給による利点と年金減額を十分に理解した上で，利用を慎重に検討する
	職業選択の様々な要素のなかで，厚生年金を受給できる職業かどうかを選択基準の1つに含める
国のサイドの課題	年金教育が不要になるくらいにシンプルで分かりやすい年金制度に設計する
	年金リテラシー教育の機会提供の拡充
	家計の経済状況に応じて，免除・60歳繰上げ受給でも年金減額しない，免除制度等の整備を検討する
社会的議論・検討の必要性	どのような年金制度にすれば幸福度は高まるかという視点を，年金制度設計の際にどこまで考慮すべきか
	老後の年金受給金額の個人差をどこまで小さくするか
	現役時の負担が大きいほど，老後の年金額を大きくする現行の仕組みをどこまで修正するか
	負担にかかわらず，年金給付を均一にする仕組みにどこまで近づけるか
	免除・60歳繰上げ受給でも，個人の経済状況に応じて，満額の年金を受給できる仕組みを，どこまで許容するか
	免除や早く受け取る人々の代わりに，負担増になることをどこまで社会が許容するか

（出所）　筆者作成。

上げ受給などを利用すると，老後に年金減額になりやすい。

　老後の年金格差を縮小するため，年金制度における再分配機能をどこまで強化すべきか。掛け金負担と年金受給額の対応関係をどこまで弱めるかについて，理論・実証の両面から分析することが重要である。

3-3　年金受給開始年齢と年金増減率の最適化

　第3は，年金受給開始年齢と年金増減率を固定的にせず，今後どのように年金増減率を設定することがどのような視点からみて最適かを分析することであ

る。現行の公的年金制度では，60歳から繰上げ受給した場合は年金月額は0.70倍，65歳からは1.0倍，70歳からは1.42倍になる。2022年からは，60歳繰上げ受給の場合は0.76倍，75歳まで年金を待って，繰下げ受給した場合は1.84倍になる。これらの倍率は，何歳から受給した場合でも，平均寿命まで生存した場合に受給できる年金総額に顕著な差が生じないように，年金数理を考慮した年金増減率が設定されている。

　現在は，これらの既存の年金増減率を前提とし，固定的で与えられたものとした上で，各々の家計は，自分自身の老後生活資金準備状況，健康状態，就労機会等を考慮し，何歳まで働き，何歳から何倍の公的年金を受給するのが最適であるのかに関心がもたれることが多い。

　しかし，今後は，平均寿命も変化するので，年金倍率を変更する必要がある。また，老後の経済格差縮小や高齢就労を高める上で，どのような年金増減率を設定すべきかについても，年金増減率を設定する際の基準として重要になってくると考えられる。

　つまり，この年金増減率を，固定的なものとしてではなく，そもそも何倍に設定すべきかを検討する必要がある。増減率の倍率格差について，格差を是正する案，現行のままの案，格差を拡大する案の3パターンが考えられる。格差を縮小する案では，所得再分配機能の視点などに基づき，経済状況に応じて，何歳から受給した場合でも，一律に1.0倍にする案が考えられる。倍率格差を拡大する案では，高齢就労促進の視点などに基づき，60歳受給は0.5倍，65歳受給は1.0倍，70歳受給は2.0倍，75歳受給は3.0倍など，受給年齢によって，増減率の差をいっそう大きくする案である。

　今後は，何歳まで働き，何歳から年金を受け取る社会を標準モデルにするか，高齢就労と所得再分配機能のいずれを重視するのか，さらに，個々人の老後経済準備状況と健康寿命の状況をどこまで個別に考慮するかを踏まえた上で，年金増減率を決定する必要がある。

3-4　受給開始年齢の変更を事後的にも認める仕組み：
　　60歳繰上げ受給の後悔を回復する

　第4は，繰上げ受給を事後的に変更できる仕組みを創設する研究である。本書の分析結果から，人々の年金知識水準は低い実態がある。年金知識が乏しい場合，最適な年金意思決定，最適な年金行動をとることは難しい。60歳で年金

繰上げ受給を選択した場合，生涯にわたり，年金月額は0.7倍に減額される。2022年度の新制度からは，年金減額は0.76倍にまで縮小されるが，依然として，年金減額幅が大きすぎることも考えられる。

　繰上げ受給，本来受給，繰下げ受給のいずれにするかを最初に決定するのは，60歳である。60歳時点で，家計はどの程度，年金受給年齢と年金月額倍率の知識を持っているのかを詳細に調査・分析する必要がある。また，60歳繰上げを選択した人々はその後の年金額が生涯にわたり0.7倍になるが，年金減額になってでも60歳受給を選択してよかったか，やむを得なかったか，どういう特徴をもつ人々がどの程度納得し，どの程度後悔しているのかについて調査・分析することが重要である。60歳以降，65歳，70歳など，実際に年金生活を送ってみて，年金受給は老後生活費の中でどのような意味をもつのか，自分は年金を早く受け取った方がよいか，70歳まで待つべきか。年金とどう向き合えばより良い生活になるかの知識が増えた状態で，再度，生涯の年金収支見込みを適切にバランスさせるという条件のもとで，年金受給年齢選択に伴う年金倍率を見直せる仕組みを検討すべきである。

3-5　健康寿命別の年金制度

　第5は，健康寿命別の年金制度の研究である。70歳まで年金受給を待てば，その後は生涯，年金月額は1.42倍に増額になり，老後安心感も得やすくなる。しかし，70歳繰下げ受給の利用率は，1％台にとどまる。2022年度からは75歳1.84倍の年金繰下げ受給の仕組みがスタートするが，現行は70歳1.42倍でも利用率は1％台であることを踏まえると，75歳繰下げ受給の利用はさらにハードルが大きいと考えられる。

　70歳まで年金を待てるかどうかは，70歳まで働くことができるかどうかと密接に関連がある。70歳まで高齢就労所得を得られるかどうかが，70歳まで年金を待てるかどうかを大きく左右するからである。

　現役世代の家計が老後資金計画を立てる際に，老後収入源のうち，高齢就労所得に何％あてにできるかを事前に決めることは，非常に難しい。高齢就労が何歳まで可能であるのかについては，数十年先の就労環境・有効求人倍率や健康寿命など，不確実性が大きい要素の影響を受けるからである。

　健康寿命が60代未満の年金プログラム，60代の人々向けの年金プログラム，健康寿命が70代以上向けの年金プログラムを別建てにし，60代や60代よりも前

に健康寿命を失った場合には年金繰上げ受給をしても年金減額せず，生活資金を保障する年金制度を設計することで，現役世代は老後資金計画を立てやすくなり，高齢就労への不安は緩和できると考えられる。

3-6　年金受給頻度：公的年金の支給を毎月1回にする案

第6は，最適な年金受給頻度の研究である。年金支給頻度を工夫することで，老後の年金生活の利便性を向上させることができると考えられる。公的年金制度は，現在は，偶数月に，2か月に1度，2か月分をまとめて年金を受給することができる。

2か月に1回，まとめて支給するのではなく，毎月，1回の支給に変更することで，家計管理がしやすくなり，年金生活はより便利になるだろう。

住宅ローン，家賃，水道光熱費，駐車場代，クレジットカードの支払いなど，家計にとって，固定費で負担金額も多い費用項目は，毎月1回の支払いが多い。主に20〜59歳の現役時の給料も，毎月1回，支給されることが多い。

毎月，1回の支給に変更する場合，年金事務経費の増加が考えられる。毎月1回の年金支給頻度にすることで，月々の年金額は同一でも，高齢世代の年金受給満足度はどの程度増加するかを調査・分析したうえで，年金事務経費はいくら増えるか，費用対効果を計測して，年金受給頻度を変更することも重要と考えられる。

3-7　厚生年金の免除制度の整備

第7は，厚生年金の免除制度の整備・拡充についての分析である。これまで厚生年金は，正社員で安定した給料の人々が中心であったため，経済面での年金保険料負担力は高かったと考えられる。そのため，厚生年金には，国民年金のように，経済的理由による年金保険料の免除制度は十分に整備されていない。国民年金では，非正規雇用や無職の人々が国民年金加入者全体の6〜7割程度を占め，免除制度・猶予制度が充実しており，約500万人が免除制度・猶予制度を利用している。

しかし今後は，より短時間で低所得の厚生年金加入者が増加するため，低所得の厚生年金加入向け者向けに，免除制度の創設と整備に関する分析が急務の課題である。また，免除を受けた場合でも年金減額にならない仕組みの検討も必要である。

参考文献

Akın, Ş. N., and Leukhina, O. [2015]. Risk-sharing within families: Evidence from the Health and Retirement Study. *Journal of Economic Dynamics and Control*, 52, 270-284.

Alhassan, A. L., and Biekpe, N. [2016]. Determinants of life insurance consumption in Africa. *Research in International Business and Finance*, 37, 17-27.

Barro, R. J. [1974]. Are government bonds net wealth?. *Journal of Political Economy*, 82(6), 1095-1117.

Becker, G. S. [1974]. A theory of social interactions. *Journal of Political Economy*, 82(6), 1063-1093.

Bergstresser, D., Chalmers, J. M., and Tufano, P. [2009] "Assessing the costs and benefits of brokers in the mutual fund industry," *The Review of Financial Studies*, 22(10), 4129-4156.

Bernheim, B. D., Shleifer, A., and Summers, L. H. [1985]. The strategic bequest motive. *Journal of Political Economy*, 93(6), 1045-1076.

Bhattacharya, U., Hackethal, A., Kaesler, S., Loos, B. and Meyer, S. [2012] "Is unbiased financial advice to retail investors sufficient? Answers from a large field study," *The Review of Financial Studies*, 25(4), 975-1032.

Blanchflower, D. G., and Oswald, A. J. [2004] "Well-being over time in Britain and the USA," *Journal of Public Economics*, 88(7), 1359-1386.

Brandt, M., and Deindl, C. [2013]. Intergenerational transfers to adult children in Europe: Do social policies matter?. *Journal of Marriage and Family*, 75(1), 235-251.

Brown, J. R., Kling, J. R., Mullainathan, S., and Wrobel, M. V. [2008]. "Why don't people insure late-life consumption? A framing explanation of the under-annuitization puzzle," *American Economic Review*, 98(2), 304-309.

Bütler, M., Mitchell, O. S., and Orszag, M. [2018] "Advances in understanding pension decisions," *Journal of Pension Economics & Finance*, 17(3), 251-253.

Calcagno, R., and Monticone, C. [2015] "Financial literacy and the demand for financial advice," *Journal of Banking & Finance*, 50, 363-380.

Cheng, G., and Yan, Y. [2021]. "Sociodemographic, health-related, and social predictors of subjective well-being among Chinese oldest-old: a national community-based cohort study," *BMC Geriatrics*, 21(1), 1-13.

Clark, A. E., and Lee, T. [2017]. "Early-life correlates of later-life well-being: Evidence from the Wisconsin Longitudinal Study," *Journal of Economic Behavior & Organization*, 181, 360-368.

Collins, J. M. [2012] "Financial advice: A substitute for financial literacy?" *Financial Services Review*, 21(4), 307-322.

Cordero, J. M., Salinas-Jiménez, J., and Salinas-Jiménez, M. M. [2017]. Exploring factors affecting the level of happiness across countries: A conditional robust nonparametric frontier analysis. *European Journal of Operational Research*, 256(2), 663-672.

Cox, D., and Rank, M. R. [1992]. Inter-vivos transfers and intergenerational exchange. *The*

Review of Economics and Statistics, 305-314.

Davies, J. B. [1981] "Uncertain lifetime, consumption, and dissaving in retirement," *Journal of Political Economy*, 89(3), 561-577.

de Bruijn, E. J., and Antonides, G. [2020] "Determinants of financial worry and rumination," *Journal of Economic Psychology*, 76, 1-18.

Diener, E., Wirtz, D., Tov, W., Kim-Prieto, C., Choi, D. W., Oishi, S., and Biswas-Diener, R. [2010] "New well-being measures: Short scales to assess flourishing and positive and negative feelings," *Social Indicators Research*, 97(2):143-156.

Drexler, A., Fischer, G., and Schoar, A. [2014] "Keeping it simple: Financial literacy and rules of thumb," *American Economic Journal: Applied Economics*, 6(2), 1-31.

Ergin, I., and Mandiracioglu, A. [2015] "Demographic and socioeconomic inequalities for self-rated health and happiness in elderly: The situation for Turkey regarding World Values Survey between 1990 and 2013," *Archives of Gerontology and Geriatrics*, 61(2), 224-230.

Fang, Z., and Sakellariou, C. [2016]. Social insurance, income and subjective well-being of rural migrants in China—An application of unconditional quantile regression. *Journal of Happiness Studies*, 17(4), 1635-1657.

Fong, J. H., Koh, B. S., Mitchell, O. S., and Rohwedder, S. [2021] "Financial literacy and financial decision-making at older ages," *Pacific-Basin Finance Journal*, 65, 101481.

Fornero, E., and Monticone, C. [2011] "Financial literacy and pension plan participation in Italy," *Journal of Pension Economics & Finance*, 10(4), 547-564.

Gromada, A., Rees, G., and Chzhen, Y. [2020] "Worlds of influence: understanding what shapes child well-being in rich countries".

Hamid, F. S., and Loke, Y. J. [2021]. "Financial literacy, money management skill and credit card repayments." *International Journal of Consumer Studies*, 45(2), 235-247.

Helliwell, J., Layard, R., Sachs, J., De Neve, J.E., Aknin, L. and Wang, S. [2021] *World Happiness Report* 2021.

Hershey, D. A., Henkens, K., and van Dalen, H. P. [2010] "What drives retirement income worries in Europe? A multilevel analysis," *European Journal of Ageing*, 7(4), 301-311.

Hojman, D. A., Miranda, Á., and Ruiz-Tagle, J. [2016] "Debt trajectories and mental health. *Social Science & Medicine*, 167, 54-62.

Horioka, C. Y. [2014]. Are Americans and Indians more altruistic than the Japanese and Chinese? Evidence from a new international survey of bequest plans. *Review of Economics of the Household*, 12(3), 411-437.

Iramani, R., and Lutfi, L. [2021] "An integrated model of financial well-being: The role of financial behavior," *Accounting*, 7(3), 691-700.

Jacobs, A. W., Hill, T. D., and Burdette, A. M. [2015]. Health insurance status and symptoms of psychological distress among low-income urban women. *Society and Mental Health*, 5(1), 1-15.

Jin, Y., Hou, Z., and Zhang, D. [2016]. Determinants of health insurance coverage among people aged 45 and over in China: Who buys public, private and multiple insurance.

PLoS One, 11(8), e0161774.

Kim, K., Eggebeen, D. J., Zarit, S. H., Birditt, K. S., and Fingerman, K. L. [2012]. Agreement between aging parent's bequest intention and middle-aged child's inheritance expectation. *The Gerontologist*, 53(6), 1020-1031.

Klapper, L., and Lusardi, A. [2020] "Financial literacy and financial resilience: Evidence from around the world, " *Financial Management*, 49(3), 589-614.

Kotlikoff, L. J., and Spivak, A. [1981] "The family as an incomplete annuities market. *Journal of Political Economy*, 89(2), 372-391.

Kristjanpoller, W. D., and Olson, J. E. [2015] "The effect of financial knowledge and demographic variables on passive and active investment in Chile's pension plan," *Journal of Pension Economics & Finance*, 14(3), 293-314.

Krueger, A. B., and Schkade, D. A. [2008] "The reliability of subjective well-being measures," *Journal of Public Economics*, 92(8):1833-1845.

Kunovskaya, I. A., Cude, B. J., and Alexeev, N. [2014] "Evaluation of a financial literacy test using classical test theory and item response theory," *Journal of Family and Economic Issues*, 35(4), 516-531.

Kye, S. Y., and Park, K. [2014] "Health-related determinants of happiness in Korean adults," *International Journal of Public Health*, 59(5), 731-738.

Landerretche, O. M., and Martínez, C. [2013] "Voluntary savings, financial behavior, and pension finance literacy: evidence from Chile," *Journal of Pension Economics & Finance*, 12(3), 251-297.

Lawrence EM, Rogers RG, and Wadsworth T. [2015] "Happiness and longevity in the United States," *Social Science & Medicine*.,145,115-119.

Lee, Y., Hofferth, S. L., Flood, S. M., and Fisher, K. [2016] "Reliability, Validity, and Variability of the Subjective Well-Being Questions in the 2010 American Time Use Survey," *Social Indicators Research*, 126(3):1355-1373.

Loibl, C., Moulton, S., Haurin, D., and Edmunds, C. [2020] "The role of consumer and mortgage debt for financial stress," *Aging & Mental Health*, 1-14.

Lusardi, A. [2019] "Financial literacy and the need for financial education: evidence and implications," *Swiss Journal of Economics and Statistics*, 155(1), 1-8.

Lusardi, A., Michaud, P. C., and Mitchell, O. S. [2017] "Optimal financial knowledge and wealth inequality," *Journal of Political Economy*, 125(2), 431-477.

Lusardi, A., and Mitchell, O. S. [2014a] "Financial literacy and financial sophistication in the older population," *Journal of Pension Economics and Finance*, 13(4),347-366.

Lusardi, A., and Mitchell, O. S. [2014b] "The economic importance of financial literacy: Theory and evidence," *Journal of Economic Literature*, 52(1), 5-44.

Lusardi, A., and Mitchell, O. S. [2011] "Financial literacy and retirement planning in the United States," *Journal of Pension Economics & Finance*, 10(4), 509-525.

Lusardi, A., Mitchell, O. S., and Oggero, N. [2020] "Debt and financial vulnerability on the verge of retirement," *Journal of Money, Credit and Banking*, 52(5), 1005-1034.

Manning, M., Ambrey, C. L., and Fleming, C. M. [2016]. A longitudinal study of Indigenous wellbeing in Australia. *Journal of Happiness Studies*, 17(6), 2503-2525.

McGarry, K. [2016]. Dynamic aspects of family transfers. *Journal of Public Economics*, 137, 1-13.

Millo, G., and Carmeci, G. (2015). A subregional panel data analysis of life insurance consumption in Italy. *Journal of Risk and Insurance*, 82(2), 317-340.

Muresan, G. M., Ciumas, C., and Achim, M. V. [2019]. "Can money buy happiness? Evidence for European countries," *Applied Research in Quality of Life*, 1-18.

Njuguna, A. G., and Otsola, J. K. [2011] "Predictors of pension finance literacy: A survey of members of occupational pension schemes in Kenya," *International Journal of Business and Management* ,Vol. 6, No. 9; 101-112.

Olivera, J. [2017]. The division of inter-vivos parental transfers in Europe. *The Journal of the Economics of Ageing*, 9, 41-51.

Oshio, T., and Urakawa, K. [2014] "The association between perceived income inequality and subjective well-being: Evidence from a social survey in Japan," *Social Indicators Research*, 116(3), 755-770.

Sareen, J., Wang, Y., Mota, N., Henriksen, C. A., Bolton, J., Lix, L. M., ... and Afifi, T. O. [2016]. Baseline insurance status and risk of common mental disorders: A propensity-based analysis of a longitudinal US sample. *Psychiatric Services*, 67(1), 62-70.

Sasaki, I., Kondo, K., Kondo, N., Aida, J., Ichikawa, H., Kusumi, T., Sueishi, N., and Imanaka, Y. [2018]. Are pension types associated with happiness in Japanese older people?: JAGES cross-sectional study. *Plos One*, 13(5), e0197423.

Shi, X., Wang, H. J., and Xing, C. [2015]. The role of life insurance in an emerging economy: Human capital protection, assets allocation and social interaction. *Journal of Banking & Finance*, 50, 19-33.

Shimizutani, S., and Oshio, T. [2012] "Public pension benefits claiming behavior: New evidence from the Japanese Study on Aging and Retirement," *RIETI Discussion Paper Series* 12-E-068.

Stoughton, N. M., Wu, Y., and Zechner, J. [2011] "Intermediated investment management," *The Journal of Finance*, 66(3), 947-980.

Sun, S., Chen, J., Johannesson, M., Kind, P., and Burström, K. [2016] "Subjective well-being and its association with subjective health status, age, sex, region, and socio-economic characteristics in a Chinese population study," *Journal of Happiness Studies*, 17(2), 833-873.

Sweet, E., Nandi, A., Adam, E. K., and McDade, T. W. [2013] "The high price of debt: Household financial debt and its impact on mental and physical health," *Social Science & Medicine*, 91, 94-100.

Tay, L., Batz, C., Parrigon, S., and Kuykendall, L. [2017] "Debt and subjective well-being: The Other side of the income-happiness coin," *Journal of Happiness Studies*, 18(3), 903-937.

Tsai, M. C., Dwyer, R. E., and Tsay, R. M. [2016] "Does financial assistance really assist? The impact of debt on wellbeing, health behavior and self-concept in Taiwan," *Social*

Indicators Research, 125(1), 127-147.

Van Rooij, M., Lusardi, A., and Alessie, R. [2011] "Financial literacy and stock market participation," *Journal of Financial Economics*, 101(2), 449-472.

Walsemann, K. M., Gee, G. C., and Gentile, D. [2015] "Sick of our loans: Student borrowing and the mental health of young adults in the United States," *Social Science & Medicine*, 124, 85-93.

Wilhelm, M. O. [1996]. Bequest behavior and the effect of heirs' earnings: Testing the altruistic model of bequests. *The American Economic Review*, 874-892.

World Health Organization [2021] "World health statistics 2021: monitoring health for the SDGs, sustainable development goals".

Xiao, J. J., Yan, C., Bialowolski, P., and Porto, N. [2021] "Consumer debt holding, income and happiness: evidence from China," *International Journal of Bank Marketing*, 1-18.

Yaari, M. E. [1965] "Uncertain lifetime, life insurance, and the theory of the consumer," *The Review of Economic Studies*, 32(2), 137-150.

Zhou, Y., Zhou, L., Fu, C., Wang, Y., Liu, Q., Wu, H., ... and Zheng, L. [2015] "Socio-economic factors related with the subjective well-being of the rural elderly people living independently in China," *International Journal for Equity in Health*, 14(1), 5.

石井加代子・黒澤 昌子 [2009]「年金制度改正が男性高齢者の労働供給行動に与える影響の分析」『日本労働研究雑誌』No.589,pp.43-64.

岩本康志 [2000]「在職老齢年金制度と高齢者の就業行動」『季刊・社会保障研究』第35巻第4号,pp.364-376.

大竹文雄・白石小百合・筒井義郎 [2010]『日本の幸福度』,日本評論社.

小塩隆士 [2012]「セーフティ・ネットから外れる理由と現実」国立社会保障・人口問題研究所編『日本社会の生活不安－自助・共助・公助の新たなかたち』第4章,pp.101-125.

北村智紀・中嶋邦夫 [2016]「投資家に示す情報と投資選択：選択型実験法によるフレーミング効果の検証」『証券経済研究』第93号,pp.35-49.

北村智紀・中嶋邦夫 [2009]「確定拠出年金における継続投資教育の効果：実験による検証」『現代ファイナンス』No.25,pp.53-76.

楠見孝 [2012]「幸福感と意思決定-決定スタイルと自己制御モードの文化差-」『心理学評論』55巻1号,pp.114-130.

厚生労働省 [2021a]「一般職業紹介状況（令和3年3月分及び令和2年度分について）（参考統計表）」.

厚生労働省 [2021b]「令和2年度の国民年金の加入・保険料納付状況」.

厚生労働省 [2020]「年金制度の機能強化のための国民年金法等の一部を改正する法律」.

厚生労働省 [2019a]「2019年国民生活基礎調査の概況」.

厚生労働省 [2019b]「令和元年度 厚生年金保険・国民年金事業の概況」.

厚生労働省 [2019c]「令和元年度 厚生年金保険・国民年金事業年報 結果の概要」.

厚生労働省 [2019d]「令和元年度 厚生年金保険・国民年金事業年報（概要）」.

厚生労働省年金局 [2019e]「平成29年国民年金被保険者実態調査 結果の概要」（平成31年3月）.

厚生労働省年金局［2018a］「平成30年度厚生年金保険・国民年金事業年報（概要）」.

厚生労働省年金局［2018b］「年金制度を巡るこれまでの経緯等について」，第1回社会保障審議会年金部会2018年4月4日資料2－1.

厚生労働省［2017］「平成29年国民生活基礎調査の概況」.

厚生労働省［2016］「国民生活基礎調査」（平成28年度）.

厚生労働省［2015］「第22回生命表（完全生命表）」.

厚生労働省［2014］「平成26年国民年金被保険者実態調査　結果の概要」.

厚生労働省［1996］「平成8年国民生活基礎調査の概況」.

国民年金基金連合会［2020］「イデコ公式サイト：iDeCo（個人型確定拠出年金）の加入者数等について」.

小林雅之［2012］『教育機会均等への挑戦（授業料と奨学金の8カ国比較）』，東信堂.

駒村康平［2007］「所得保障制度のパラメーターに関する分析―国民年金の繰上げ受給に関する実証分析を中心に―」『フィナンシャル・レビュー』第87号，pp.119-139.

近藤克則［2017］『健康格差社会への処方箋』，医学書院.

近藤尚己［2016］『健康格差対策の進め方：効果をもたらす5つの視点』，医学書院.

佐々木一郎［2021a］「年金予想額と幸福度・老後経済不安」『生命保険論集』第215号，pp.91-114.

佐々木一郎［2021b］「新型コロナ問題と年金制度の諸課題」『同志社商学』，第73巻第1号，pp.63-80.

佐々木一郎［2020］「イデコと老後の年金格差拡大」『年金と経済』第39巻第3号，pp.16-22.

佐々木一郎［2019］「70歳年金受給選択と70歳就業のアンケート調査データによる分析」『生命保険論集』第208号，pp.55-86.

佐々木一郎［2018a］「奨学金と幸福度」『個人金融』Vol.12, No.4,　pp.104-118.

佐々木一郎［2018b］「成人した子への仕送り・資金援助の分析」『生命保険論集』第202号，pp.75-95.

佐々木一郎［2017a］「格差社会における共済・保険への加入と幸福度」『全労済協会：委託研究報告書』，17ページ.

佐々木一郎［2017b］「年金リテラシーと金融クイズ」『生命保険論集』第201号，pp.111-131.

島一則［2011］『大学とマネー（経済と財政）』，玉川大学出版部.

鈴木亘・周燕飛［2001］「国民年金未加入者の経済分析」『日本経済研究』第42巻，pp.44-60.

清家篤・山田篤裕［1996］「Pension Richの条件」『日本経済研究』No.33, pp.38-63.

生命保険文化センター［2015］「平成27年度 生命保険関する全国実態調査」.

全国大学生活協同組合連合会［2016］「奨学金制度に関するアンケート」.

全労済協会［2014］「共済・保険に関する意識調査結果報告書」（勤労者福祉研究）.

総務省統計局［2021a］「労働力調査（追加参考表）（令和3年4月30日）」.

総務省統計局［2021b］「労働力調査（基本集計）」.

総務省統計局［2020］「人口推計-2020年（令和2年）6月報」（令和2年6月22日）.

総務省［2017］「住民基本台帳に基づく人口，人口動態及び世帯数（平成29年1月1日現在）」.

総務省統計局［2016a］「家計調査報告貯蓄・負債編平成28年（2016年）平均速報結果の概要（二人以上の世帯）」.

総務省統計局［2016b］「平成28年労働力調査年報」.

総務省［2012］「住民基本台帳に基づく人口，人口動態及び世帯数（平成24年 3 月31日現在）」.

高山憲之・白石浩介［2017］「年金と高齢者就業」『年金研究』No.06.

内閣府［2021］「令和 3 年版高齢社会白書」.

内閣府［2019］「国民生活に関する世論調査」（令和元年 6 月調査）.

内閣府［2016］「高齢者の経済・生活環境に関する調査」（2016年）.

内閣府［1999］「国民生活に関する世論調査（平成11年（1999年）12月調査）」.

内閣府［1981］「国民生活に関する世論調査（昭和56年（1981年） 5 月調査）」.

中澤正彦・影山昇・鳥羽建・高村誠［2014］「年金財政と支給開始年齢等に関する定量的分析」『フィナンシャル・レビュー』第117号,pp.23-51.

日本アクチュアリー会［2007］「生保標準生命表2007」.

日本学生支援機構［2015］「平成 27 年度 奨学金の返還者に関する属性調査結果」.

日本学生支援機構［2013］「平成25年度奨学金の延滞者に関する属性調査結果」.

日本共済協会［2015］「日本の共済事業」（ファクトブック2015）.

日本銀行［2017］「2017年第 2 四半期の資金循環（速報）」（日本銀行調査統計局，2017年 9 月20日）.

日本年金機構［2021］「老齢年金ガイド令和 3 年版」.

文部科学省［2016］「平成28年度学校基本調査」.

山口修［2014］「確定拠出年金の今後の課題と対応について」『経済論叢』（京都大学）第188巻第 3 号,pp.65-82.

山田篤裕［2012］「雇用と年金の接続－在職老齢年金の就業抑制効果と老齢厚生年金受給資格者の基礎年金繰上げ受給要因に関する分析」『三田学会雑誌』第104巻第 4 号,pp.587-605.

家森信善［2017］「わが国の生活者の金融・保険リテラシーと保険加入行動－2016年・生活保障に関する調査をもとに－」『生命保険論集：金融・保険リテラシー特別号』pp.37-73.

家森信善［2016］「多様化する金融チャネルと金融リテラシー──生命保険の加入チャネルの観点からの分析」『個人金融』（2016年冬号）pp.52-60.

家森信善［2015］「わが国の中学校および高等学校における保険教育の現状について」『生命保険論集』第191号（2015年 6 月号),pp.87-125.

● 初出論文

序章「幸福になるにはどのような年金制度がよいか-人生100年時代の年金制度と年金リテラシーの諸課題-」書き下ろし.

第1章「年金予想額と幸福度・老後経済不安」『生命保険論集』第215号, pp. 91-114, 2021年6月.

第2章「格差社会における共済・保険への加入と幸福度」『全労済協会：委託研究報告書』, 17ページ, 2017年5月.

第3章「奨学金と幸福度」『個人金融』Vol. 12, No. 4, pp. 104-118, 2018年2月.

第4章「成人した子への仕送り・資金援助の分析」『生命保険論集』第202号, pp. 75-95, 2018年5月.

第5章「新型コロナ問題と年金制度の諸課題」『同志社商学』, 第73巻第1号, pp. 63-80, 2021年7月.

第6章「イデコと老後の年金格差拡大」『年金と経済』第39巻第3号, pp. 16-22, 2020年10月.

第7章「年金リテラシーと金融クイズ」『生命保険論集』第201号, pp. 111-131, 2017年12月.

第8章「70歳年金受給選択と70歳就業のアンケート調査データによる分析」『生命保険論集』第208号, pp.55-86, 2019年9月.

終章「幸福な年金制度の設計に向けて」書き下ろし.

索　　引

（あ行）

安心できる年金制度 ……………… 12
遺産 …………………………………… 80
遺族年金 …………………………… 92, 165
イデコ ……………………………… 112
お金の時間価値 ……………… 145, 168

（か行）

皆年金 ………………………………… 22
学生納付特例 ………………………… 9
学歴 …………………………………… 3
家計金融資産 ………………………… 77
家族内扶養低下 ……………………… 55
株式 …………………………………… 77
企業経営 ………………………… ii, 12
企業年金 ……………………………… 9
共済 ……………………………… 41, 52
近視眼性 …………………………… 167
金融教育 …………………………… 138
金融クイズ ………………………… 130
金融知識 …………………………… 95
金融リテラシー ……… 18, 95, 125, 145
繰上げ受給 ……………… 11, 106, 140
繰下げ受給 …………………… 11, 140
群衆行動 …………………………… 167
経営活動 …………………………… 78
経営成績 …………………………… 2
景気状況 …………………………… 40
健康寿命 …………………………… 38
健康長寿 ……………………… 2, 12
厚生年金の適用拡大 ……………… 38
公的年金 …………………………… 3
公的年金の予想月額 ……………… 27
行動経済学 ………………………… 167

幸福度 ………………… 1, 32, 52, 66
高齢就労 …………………………… 9
個人年金 …………………………… 9

（さ行）

最小学習量 ………………………… 166
仕送り ……………………………… 77
事業資金調達 ……………………… 78
資金援助 …………………………… 79
資産 …………………………… 3, 59
私的年金 …………………………… 6
支払い超過 ………………………… 7
社会経済的要因 …………………… 25
社会的つながり …………………… 25
社会保障政策 ……………………… 79
就業状況 …………………………… 3
終身年金 …………………… 3, 6, 23
寿命不確実性 ……………………… 5
生涯消費平準化 …………………… 79
障害年金 …………………… 92, 165
生涯年金受給総額 ………………… 140
奨学金借入総額 …………………… 63
奨学金の有効活用 ………………… 75
奨学金リテラシー ………………… 73
少子高齢化 ………………… 1, 4
職業 ………………………………… 3
所得 …………………………… 3, 59
新型コロナ問題 …………… 1, 92
人口統計学的要因 ………………… 25
人生の生きがい …………………… 1
人生の質 …………………… 1, 22
シンプルな年金制度の設計 ……… 166
心理的健康 ………………… 2, 60
心理的要因 ………………………… 59
ストレス対処 ……………………… 2

世代間不公平 ························· 168
世代間扶養 ···························· 8
選択コストの節約 ··················· 167
専門家のアドバイス ················· 168
損益分岐点年齢 ····················· 168
損失回避行動 ······················· 167

（た行）

対面説明 ···························· 55
知覚リスク ························· 167
貯蓄の過不足 ························ 23
低年金 ······························ 9

（な行）

年金格差 ······················ 1, 5, 110
年金教育 ············ 138, 145, 159, 166
年金教材 ··························· 166
年金クイズ ························· 130
年金減額 ···························· 13
年金受給開始年齢 ··················· 140
年金情報格差 ······················ 138
年金増額 ··························· 148
年金知識 ···························· 13
年金知識不足 ··················· 103, 143
年金の損得計算 ····················· 166
年金未納問題 ······················· 12
年金リテラシー ··············· 14, 125, 145

（は行）

働く意欲 ····························· 2

賦課方式 ·························· 4, 92
負債 ······························ 58
プログラミング教育 ················· 167
平均寿命 ···························· 8
保険 ··························· 41, 52
保険教育 ·························· 138

（ま行）

無貯蓄 ··························· 93
無年金 ····························· 7
免疫機能 ···························· 2
免除・納付猶予制度 ·················· 9

（や行）

有効求人倍率 ······················ 40
優先順位 ·························· 166
預貯金 ··························· 77

（ら行）

老後経済不安 ·················· 2, 23, 32
老後資金計画 ······················ 96
老後収入源 ························· 9
老後生活資金 ····················· 5, 24
老後の公的年金予想月額 ·············· 33

（わ行）

割引現在価値 ······················ 145

●著者紹介

佐々木　一郎（ささき　いちろう）

同志社大学商学部教授。
山口大学経済学部卒業。
神戸大学大学院経営学研究科博士課程修了。博士（経営学）。
京都大学大学院医学研究科社会健康医学系専攻博士後期課程修了。博士（社会健康医学）。
専攻：経営学，年金論，保険論，健康医学。
兼任：慶應義塾大学経済学部訪問教授。
　　　京都大学大学院医学研究科医療経済学分野客員研究員。
委員等：厚生労働省社会保障審議会臨時委員，年金綜合研究所主任研究員等を務めた。

幸福感と年金制度

2022年7月25日　第1版第1刷発行

著　者　佐々木　一　郎
発行者　山　本　　　継
発行所　㈱中央経済社
発売元　㈱中央経済グループ
　　　　パブリッシング

〒101-0051　東京都千代田区神田神保町1-31-2
電話 03 (3293) 3371 (編集代表)
03 (3293) 3381 (営業代表)
https://www.chuokeizai.co.jp
製版／三英グラフィック・アーツ㈱
印刷／三　英　印　刷　㈱
製本／有　井　上　製　本　所

© 2022
Printed in Japan